August von Kotzebue

Menschenhaß und Reue

Schauspiel in fünf Aufzügen

August von Kotzebue: Menschenhaß und Reue. Schauspiel in fünf Aufzügen
Erstdruck: Berlin (Christian Friedrich Himburg), 1790.

Veröffentlicht von Contumax GmbH & Co. KG
Berlin, 2010
http://www.contumax.de/buch/
Gestaltung und Satz: Contumax GmbH & Co. KG
Druck und Bindung: Books on Demand GmbH, Norderstedt

ISBN 978-3-8430-5732-5

Inhalt

Personen 5
1. Akt 7
    1. Auftritt 7
    2. Auftritt 7
    3. Auftritt 9
    4. Auftritt 10
    5. Auftritt 11
    6. Auftritt 13
    7. Auftritt 15
    8. Auftritt 16
    9. Auftritt 17
    10. Auftritt 18
    11. Auftritt 21
2. Akt 23
    1. Auftritt 23
    2. Auftritt 25
    3. Auftritt 27
    4. Auftritt 29
    5. Auftritt 30
    6. Auftritt 31
    7. Auftritt 33
    8. Auftritt 33
    9. Auftritt 34
    10. Auftritt 34
    11. Auftritt 36
    12. Auftritt 37
3. Akt 39
    1. Auftritt 39
    2. Auftritt 40
    3. Auftritt 42
    4. Auftritt 44
    5. Auftritt 45
    6. Auftritt 48
    7. Auftritt 49
    8. Auftritt 53
    9. Auftritt 54
4. Akt 55

  1. Auftritt 55
  2. Auftritt 56
  3. Auftritt 61
  4. Auftritt 63
  5. Auftritt 63
  6. Auftritt 63
  7. Auftritt 65
  8. Auftritt 67
  9. Auftritt 68
  10. Auftritt 69
5. Akt 71
  1. Auftritt 71
  2. Auftritt 71
  3. Auftritt 73
  4. Auftritt 74
  5. Auftritt 76
  6. Auftritt 76
  7. Auftritt 77
  8. Auftritt 80
  9. Auftritt 80

Personen.

General Graf v. Wintersee.

Die Gräfin.

Major von der Horst, Bruder der Gräfin in französischen Diensten.

Lotte, Kammermädchen der Gräfin.

Ein Kind der Gräfin von vier bis fünf Jahren.

Bittermann, Haushofmeister und Verwalter des Grafen.

Peter, sein Sohn.

Madam Müller oder Eulalia.

Ein Unbekannter.

Franz, sein alter Diener.

Zwei Kinder von vier bis fünf Jahren.

Ein Greis.

Erster Aufzug

Eine ländliche Gegend. Tief im Hintergrunde eine armselige Hütte, zwischen einigen Bäumen versteckt.

Erster Auftritt

PETER *jagt einem Schmetterling nach, den er endlich mit dem Hute erhascht.* Aha! – dich hab ich erwischt. Ei, der ist gewaltig schön, rot und blau und gelb. *Er spießt ihn an eine Nadel und steckt ihn auf den Hut.* Sapperlot! ich bin doch ein gescheiter Junge, wenngleich mein Vater immer spricht: dummer Peter! Der Peter ist aber gar nicht dumm. Da hat er seinen Hut aufgedonnert, daß jeder Bauerdirne das Herz im Leibe lachen wird. – Der Vater will immer so gescheut sein, will immer alles besser wissen; bald red' ich zu viel, bald zu wenig, und wenn ich einmal mit mir selbst rede, so nennt er mich gar einen Narren: und ich rede doch am liebsten mit mir selbst, denn ich versteh' mich am besten; und ich selbst lache mich auch niemals aus, wie die andern wohl zu tun pflegen. Das Auslachen ist eine abscheulich ärgerliche Gewohnheit. Ja, wenn Madam Müller mich auslacht, das laß ich noch hingehn; die verzieht das Mäulchen dabei so süß und artig, daß man meint, sie lecke an einer Zuckerpuppe. – *Im Begriff zu gehn und wieder umkehrend.* Ach potz Velten! da hätt' ich beinahe vergessen, warum ich kam. Nun ja, da wäre wieder auf meine Kosten gelacht worden. *Er zieht einen Beutel heraus.* Das Geld soll ich dem alten Tobies bringen, und Madam Müller hat mir befohlen, nicht ein Wörtchen davon auszuplaudern. Nun, nun, da kann sie ganz ruhig sein: aus meinem Munde kommt keine Silbe. – Schön ist Madam Müller, sehr schön! aber dumm, entsetzlich dumm! denn mein Papa sagt: wer sein Geld vertut, der handelt unvernünftig; aber wer es gar verschenkt, den muß man je eher je lieber ins Tollhaus bringen.

Zweiter Auftritt

Der Unbekannte – Franz – Peter.
Unbekannter mit verschränkten Armen und niederhängendem Kopfe. Als er Peter erblickt, bleibt er stehn und betrachtet ihn mißtrauisch.
Peter steht ihm gegenüber und sperrt das Maul auf. Endlich zieht er den Hut ab, macht eine linke Verbeugung und geht in die Hütte.

UNBEKANNTER. Wer ist der Mensch?
FRANZ. Der Sohn des Verwalters.
UNBEKANNTER. Auf dem Schlosse?
FRANZ. Ja.
UNBEKANNTER *nach einer Pause.* Du sprachst gestern abend –
FRANZ. Von dem armen Bauer?
UNBEKANNTER. Ganz recht.
FRANZ. Sie antworteten mir nicht.
UNBEKANNTER. Sprich weiter!
FRANZ. Er ist arm.
UNBEKANNTER. Woher weißt du das?
FRANZ. Er sagt es.
UNBEKANNTER *bitter.* O sie sagen und klagen viel.
FRANZ. Und betrügen viel.
UNBEKANNTER. Richtig.
FRANZ. Dieser nicht.
UNBEKANNTER. Warum nicht?
FRANZ. Das fühlt sich besser, als es sich sagt.
UNBEKANNTER. Narr!
FRANZ. Ein gefühlvoller Narr ist mehr wert, als ein eiskalter Klügler.
UNBEKANNTER. Das ist wahr.
FRANZ. Wohltaten erzeugen Dank.
UNBEKANNTER. Das ist nicht wahr.
FRANZ. Und beglücken mehr den Geber als den Empfänger.
UNBEKANNTER. Das ist wahr.
FRANZ. Sie sind ein wohltätiger Herr.
UNBEKANNTER. Ich?
FRANZ. Ich bin hundertmal Zeuge davon gewesen.
UNBEKANNTER. Ein wohltätiger Mensch ist ein Tor.
FRANZ. O gewiß nicht.
UNBEKANNTER. Sie verdienens nicht.
FRANZ. Die meisten, freilich nicht.
UNBEKANNTER. Sie heucheln.
FRANZ. Sie betrügen.
UNBEKANNTER. Sie weinen ins Angesicht.
FRANZ. Und lachen hinter dem Rücken.
UNBEKANNTER *bitter.* Menschenbrut!
FRANZ. Es gibt Ausnahmen.

UNBEKANNTER. Wo?
FRANZ. Dieser Bauer.
UNBEKANNTER. Hat er dir sein Unglück geklagt?
FRANZ. Ja.
UNBEKANNTER. Ein wahrhaftig Unglücklicher klagt nicht. *Nach einer Pause.* Aber so erzähle!
FRANZ. Man nahm ihm seinen einzigen Sohn.
UNBEKANNTER. Der Fürst?
FRANZ. Ja. Zum Soldaten.
UNBEKANNTER. Pfui!
FRANZ. Der Alte darbt.
UNBEKANNTER. Schändlich!
FRANZ. Ist krank und verlassen.
UNBEKANNTER. Da kann ich nicht helfen.
FRANZ. Doch.
UNBEKANNTER. Wodurch?
FRANZ. Durch Geld. Er kauft seinen Sohn los.
UNBEKANNTER. Ich will den Alten selbst sehn.
FRANZ. Tun Sie das!
UNBEKANNTER. Aber wenn er lügt – –
FRANZ. Er lügt nicht.
UNBEKANNTER. O die Menschen sind geborne Lügner.
FRANZ. Leider.
UNBEKANNTER. Dort in der Hütte?
FRANZ. Dort in der Hütte.

Unbekannter geht in die Hütte.

Dritter Auftritt

FRANZ *allein*. Ein guter Herr – aber das Reden verlernt man fast bei ihm. Ein braver Herr – aber ich kann nicht klug aus ihm werden. Auf jedes Menschenantlitz schimpft er, und kein Armer geht hülflos von seiner Türe. Schon drei Jahre bin ich bei ihm, und noch weiß ich nicht, wer er ist. Ein Menschenfeind, das ist klar; aber ich wette, seine Mutter hat ihn nicht dazu geboren. Der Menschenhaß ist in seinem Kopfe, nicht in seinem Herzen.

Vierter Auftritt

Franz – der Unbekannte – Peter aus der Hütte.

PETER. Spazieren Sie nur voran!
UNBEKANNTER. Narr!
FRANZ. So bald zurück?
UNBEKANNTER. Was soll ich da?
FRANZ. Fanden Sie es nicht, wie ich sagte?
UNBEKANNTER. Diesen Burschen fand ich.
FRANZ. Was hat der mit Ihrer Wohltätigkeit zu schaffen?
UNBEKANNTER. Er spielt mit dem Alten unter einer Decke. – Wie würden sie lachen, wenn sie mich einmal wieder zum Narren meines Herzens gemacht hätten!
FRANZ. Aber woher? –
UNBEKANNTER. Der Bursche und der Alte, was taten sie zusammen?
FRANZ *kopfschüttelnd und lächelnd.* Nun wir werden es hören. *Zu Peter.* Junger Herr, was haben Sie dort in der Hütte gemacht?
PETER. Gemacht? – nichts.
FRANZ. Nun, umsonst sind Sie doch nicht da gewesen?
PETER. Umsonst? warum nicht? Meiner Six! ich bin umsonst da gewesen. Pfui, wer wird sich denn alles bezahlen lassen? Wenn Madam Müller mir ein freundlich Gesicht macht, so lauf ich wohl umsonst und um nichts bis an den Hals in den schlammichten Schloßgraben.
FRANZ. Also hat Madam Müller Sie geschickt?
PETER. Nun ja; man spricht nicht gerne davon.
FRANZ. Wieso?
PETER. Ja seh' Er nur, Madam Müller sagte: Musje Peter, sein Sie so gut und lassen Sie sich nichts merken. *Mit vieler Behaglichkeit.* Musje Peter – sein Sie so gut – hä! hä! hä! Da wars mir gerade, als ob mich eine rotbackichte Bauerdirne kitzelte.
FRANZ. Ei das ist ein anders. Dann müssen Sie auch fein verschwiegen sein.
PETER. Das bin ich auch. Ich sagte dem alten Tobies, er sollte nicht etwa denken, daß Madam Müller ihm das Geld geschickt hätte; denn das würde ich in meinem Leben nicht ausplaudern.
FRANZ. Daran taten Sie sehr wohl. – Brachten Sie ihm viel Geld?
PETER. Nun, ich hab' es nicht gezählt. Es war in einem grünen seidenen Beutelchen. Ich denke, es mochten wohl die Milchpfennige sein, die sie sich seit vierzehn Tagen zusammengespart hat.
FRANZ. Warum denn eben seit vierzehn Tagen?

PETER. Ei vor vierzehn Tagen mußt ich ihm ja auch Geld bringen, und vor einer Woche auch. Es war gerade an einem Sonntage – nein, es war an einem Montage – aber ein Festtag muß es gewesen sein, denn ich hatte meinen Sonntagsrock an.
FRANZ. Und all' das Geld kam von Madam Müller?
PETER. I herrje, von wem denn sonst? Mein Papa ist nicht so ein Narr; der sagt, man muß das Seinige zu Rate halten, und besonders im Sommer muß man gar keine Almosen geben; denn da hat der liebe Gott Kräuter und Wurzeln genug wachsen lassen, von denen der Mensch satt werden kann.
FRANZ. Ei der liebe Papa!
PETER. Aber Madam Müller lacht den Papa aus. Als vor Weihnachten die Kinder der alten Liese die Blattern hatten – nein, es war nach Weihnachten. –
FRANZ. Nun, gleichviel!
PETER. Ja, da wollte Madam Müller mich auch hinunterschicken ins Dorf, zu der alten Liese nämlich. Aber das schlug ich ihr rund ab; denn es hatte damals geglatteist, und die Kinder sahen so schmutzig aus.
FRANZ. Und was tat denn Madam Müller!
PETER. Meiner Six! Sie ging selber hin. Ha! ha! ha! und da hat sie sich mit den schmutzigen Kindern so viel abgegeben und geschwatzt ha ha! ha!
FRANZ. Eine sonderbare Frau.
PETER. Ja, sie ist manchmal gar zu wunderlich. Zuweilen weint sie den ganzen Tag, ohne zu wissen warum. Und wenn sie dann nur mich zufrieden ließe! aber wenn sie weint, so schmeckt mir kein Bissen; ich muß mitweinen, ich mag wollen oder nicht.
FRANZ *zu dem Unbekannten.* Sind Sie nun beruhigt?
UNBEKANNTER. Schaff mir den Schwätzer vom Halse!
FRANZ. Ich empfehle mich, Musje Peter.
PETER. Wollen Sie schon fort?
FRANZ. Madam Müller wird auf Antwort warten.
PETER. Ach der Geier! Sie haben recht. *Er zieht vor dem Unbekannten den Hut.* Gott befohlen, Herr!
UNBEKANNTER *nickt mit dem Kopfe.*
PETER *halb leise zu Franz.* Der ist gewiß böse, daß er nichts von mir herauskriegt?
FRANZ. Es scheint beinahe.
PETER. Ja, ich bin keine Plaudertasche.

Fünfter Auftritt

Der Unbekannte – Franz.

FRANZ. Nun, Herr?
UNBEKANNTER. Was willst du?
FRANZ. Sie hatten unrecht.
UNBEKANNTER. Hm!
FRANZ. Sie können noch zweifeln?
UNBEKANNTER. Ich will nichts mehr hören. Diese Madam Müller; wer ist sie? warum find ich sie immer auf meinem Wege? Wo ich hinkomme, da ist sie schon gewesen.
FRANZ. Sie sollten sich dessen freuen.
UNBEKANNTER. Freuen?
FRANZ. Daß es der guten wohltätigen Seelen noch mehrere in der Welt gibt.
UNBEKANNTER. O ja.
FRANZ. Sie sollten ihre Bekanntschaft suchen.
UNBEKANNTER *spöttisch*. Warum nicht lieber sie heuraten?
FRANZ. Auch das, wenn Sie Lust dazu haben. Ich sah sie einigemal im Garten; sie ist eine schöne Frau.
UNBEKANNTER. Desto schlimmer! Schönheit ist Larve.
FRANZ. Bei ihr scheint sie Spiegel der Seele. Ihre Wohltaten –
UNBEKANNTER. Ach, rede mir nicht von ihren Wohltaten! Glänzen und schimmern wollen sie alle; eine Frau in der Stadt durch ihren Witz, eine Frau auf dem Lande durch ihr Herz. Oder sie ist eine Betschwester, und dann ist es eitel Gleißnerei.
FRANZ. Gleichviel wie das Gute gestiftet wird.
UNBEKANNTER. Nicht gleichviel.
FRANZ. Für den armen Alten wenigstens.
UNBEKANNTER. Desto besser. So kann er meine Hülfe entbehren.
FRANZ. Das fragt sich noch.
UNBEKANNTER. Wieso?
FRANZ. Seinen dringendsten Bedürfnissen hat Madam Müller abgeholfen; ob sie ihm aber so viel gab, oder geben konnte, um sich auch die Stütze seines Alters zurückzuerkaufen –
UNBEKANNTER. Schweig! ich will ihm nichts geben. *Hämisch.* Du intressierst dich ja recht warm für ihn? Willst du vielleicht mit ihm teilen?
FRANZ. Pfui! Das kam nicht aus Ihrem Herzen.
UNBEKANNTER *sich besinnend, reicht ihm die Hand.* Vergib mir!
FRANZ *küßt sie.* Armer Herr! wie muß Ihnen mitgespielt worden sein, ehe es der Welt gelang, diesen fürchterlichen Menschenhaß, diese schauerlichen Zweifel an Tugend und Redlichkeit in Ihr Herz zu pflanzen.
UNBEKANNTER. Du hast's erraten. Laß mich zufrieden.

Er wirft sich auf eine Bank, zieht einen Teil von Zimmermanns Buche über die Einsamkeit aus der Tasche und liest.

FRANZ *Für sich, ihn betrachtend.* Nun wieder gelesen. So geht es den ganzen Tag. Für ihn hat die schöne Natur keine Freude und das Leben keinen Reiz. Ich hab ihn in drei Jahren nicht ein einziges Mal lachen sehen. Was soll daraus werden? ein Selbstmörder! – Wenn er sich doch nur an irgendein lebendes Wesen in der Welt kettete, und wär' es auch nur ein Hund, ein Kanarienvogel! Denn etwas muß der Mensch doch lieben. Oder wenn er Blumen zöge, oder Schmetterlinge sammelte! – Nein, er tut nichts, als lesen. Und wenn er einmal den Mund öffnet, so sprudelt ein Fluch über das ganze Menschengeschlecht heraus.
UNBEKANNTER *liest.* »Da vergißt man nichts. Da blutet jede alte Wunde, da rostet kein Dolch. Alles was einst die Nerven spannte und mit tiefen Spuren sich einprägte in die Imagination, ist ein Gespenst, das dich mit unermüdeter Wut in deiner Einsamkeit verfolgt.« *Der Greis tritt hervor.*
FRANZ. Ja, ja, der ehrliche Mann hat recht. Aber eben deswegen fort! fort aus der Einsamkeit! fort in einen Wirbel von Zerstreuungen und Geschäften!

Unbekannter hört ihn nicht.

Sechster Auftritt

Der Greis aus der Hütte – Vorige.

GREIS. O wie wohl das tut, sich so nach sieben langen Wochen einmal wieder von Gottes Sonne bescheinen zu lassen! Fast hätt' ich im Rausch der Freude dem Schöpfer zu danken vergessen. *Er faltet seine Mütze zwischen beiden Händen, blickt gen Himmel und betet.*

Unbekannter läßt das Buch sinken und wird aufmerksam auf ihn.

FRANZ *zu dem Unbekannten.* Dem Alten ist wohl wenig Freude in der Welt beschert, und doch dankt er Gott auch für das wenige.
UNBEKANNTER. Weil die Hoffnung ihn noch immer an ihrem Gängelbande leitet.
FRANZ. Desto besser! Hoffnung ist des Lebens Amme.
UNBEKANNTER. Die größte Betrügerin auf dem weiten Erdboden.

Greis hat indessen seine Mütze wieder aufgesetzt und nähert sich.

FRANZ. Glück zu, Alter! Du bist, wie ich sehe, dem Tode entronnen.
GREIS. Für dieses Mal, ja. Gott und die Hülfe jener braven Frau haben mir auf ein paar Jahre das Leben gefristet.
FRANZ. Nun freilich, lange wirst du nicht mehr mitlaufen. Du scheinst mir ein alter Knabe.
GREIS. Nahe an die siebzig. Habe auch wohl nicht viel Freude mehr zu hoffen. – Je nun, es gibt ja noch ein anderes Leben!
FRANZ. Du solltest mit dem Schicksal zürnen, das dich, so nahe dem Grabe, wieder in die Welt zurückwirft. Für den Unglücklichen ist der Tod kein Übel.
GREIS. Bin ich denn so unglücklich? Genieß ich nicht diesen schönen Morgen? Bin ich nicht wieder gesund? – Glaubt mir, Herr, ein Geneseter, der zum ersten Male wieder in die freie Luft tritt, ist in diesem Augenblick das glücklichste Geschöpf unter der Sonne.
FRANZ. Ein Glück, an welches sich der Mensch nur allzuleicht gewöhnt.
GREIS. Freilich wohl. Doch weniger im Alter. Da wird man haushälterisch mit der Gesundheit. Man stürzt den Wein nicht mehr hinunter, schlurft die letzten Tropfen. Und so ists auch mit der Freude. Ich habe freilich viel in der Welt gelitten und leide noch, aber ich würde darum doch nicht gerne sterben. Als mir vor vierzig Jahren mein Vater diese Hütte hinterließ, da war ich ein junger rascher Kerl, nahm ein gutes flinkes Weib; Gott segnete meine Wirtschaft reichlich, und mein Ehebette mit fünf Kindern. Das dauerte so neun Jahr oder zehn. Ein paar von meinen Kindern starben; ich verschmerzte das; es kam die große Hungersnot; mein Weib half sie mir ehrlich tragen. Aber vier Jahre darauf nahm Gott sie zu sich, und auch von meinen fünf Kindern blieb mir bald nachher nur ein einziger Sohn. Das war Schlag auf Schlag. Ich konnte mich lange nicht erholen. Zeit und Gottesfurcht taten endlich das Ihrige. Ich gewann das Leben wieder lieb. Mein Sohn wuchs heran und half mir arbeiten. Nun hat mir der Fürst auch diesen einzigen Sohn weggenommen und ihm eine Muskete zu tragen gegeben. Das ist freilich hart. Arbeiten kann ich nicht mehr; ich bin alt und schwach. Wäre Madam Müller nicht gewesen, ich hätte verhungern müssen.
FRANZ. Und doch hat das Leben noch Reiz für dich?
GREIS. Warum nicht? Solange noch etwas in der Welt ist, das an meinem Herzen hängt. Hab' ich denn nicht einen Sohn?
FRANZ. Wer weiß, ob deine Augen ihn je wiedersehen?
GREIS. Er lebt aber doch.
FRANZ. Er kann auch wohl schon tot sein.

GREIS. Ach warum nicht gar! Und wenn auch; solange ich dessen nicht gewiß bin, solange lebt er in meinen Gedanken, und das erhält mir mein eigenes Leben. Ja, Herr, selbst wenn mein Sohn tot wäre, so würd' ich darum doch nicht gern sterben. Denn hier ist noch eine Hütte, in der ich geboren und erzogen bin; hier ist noch eine alte Linde, die mit mir aufwuchs, und – fast schäm' ich mich, es zu bekennen: ich hab' auch noch einen alten treuen Hund, den ich liebe.
FRANZ. Einen Hund?
GREIS. Ja, einen Hund. Lach' Er, wie Er will! Madam Müller, die herzensgute Frau, war selbst einmal in meiner Hütte. Der alte Fidel knurrte, als sie kam. »Warum schafft Er den garstigen großen Hund nicht ab? fragte sie mich; Er hat ja kaum Brot für sich.« Lieber Gott! gab ich ihr zur Antwort: wenn ich ihn abschaffe, wer wird mich dann lieben?
FRANZ *zu dem Unbekannten.* Nehmen Sie mir's nicht übel, gnädiger Herr! ich wollte, Sie hätten zugehört.
UNBEKANNTER. Das hab' ich.
FRANZ. Nun so wollte ich, Sie nähmen ein Beispiel an diesem Alten.
UNBEKANNTER *nach einer Pause, gibt ihm das Buch.* Da, lege das auf meinen Schreibtisch. *Franz ab.*
UNBEKANNTER. Wieviel gab dir Madam Müller?
GREIS. Ach! die gute, englische Seele hat mir so viel gegeben, daß ich dem kommenden Winter ruhig entgegensehen darf.
UNBEKANNTER. Nicht mehr?
GREIS. Wozu denn mehr? – Freilich: um meinen Hans loszukaufen, könnt' ich's wohl brauchen; – aber sie mag wohl selbst nicht mehr entbehren können.
UNBEKANNTER *drückt ihm einen vollen Beutel in die Hand.* Da! Kaufe deinen Hans los! *Er entfernt sich schnell.*
GREIS. Was war das? *Er öffnet den Beutel und findet ihn voller Goldstücke.* Ach Gott! *Er zieht die Mütze ab, kniet nieder und dankt im stillen.*

Siebenter Auftritt

Franz – Der Greis.

GREIS *ihm entgegen.* Nun, sieht Er wohl, Herr? Vertrauen auf Gott läßt nicht zuschanden werden. *Ihm den Beutel hinhaltend.* Hier ist Gottes reicher Segen.
FRANZ. Glück zu! aber wer gab dirs?
GREIS. Sein braver Herr, dem der Himmel dafür lohnen wolle.

FRANZ. Amen! – Der sonderbare Mann! Also deswegen mußt' ich das Buch hineintragen? Er wollte keinen Zeugen seiner Wohltätigkeit.
GREIS. Auch wollt' er nicht einmal meinen Dank mit sich nehmen. Er war fort, eh' ich noch reden konnte.
FRANZ. Das sieht ihm ähnlich.
GREIS. Nun, Herr, nun will ich gehn, so schnell mich die alten Füße tragen wollen. Ach! ein süßer Gang! – ich gehe meinen Hans loszukaufen. Wie wird der gute Junge sich freuen! – Er hat auch ein Mädchen unten im Dorfe, eine brave Dirne. – Welche Freude! welche Freude! – Gott, wie gütig bist du! Jahrelange Leiden vermögen die Rückerinnerung an ehemalige Freuden nicht auszulöschen, aber ein einziger froher Augenblick tilgt jahrelange Leiden aus unserm Gedächtnis. – Ich gehe; beschreib' Er seinem Herrn meine Freude; das wird ihm lieber sein, als mein Dank. – *Im Gehen.* Ach! warum kann ich nicht laufen? warum nicht fliegen? – *Er steht plötzlich stille.* Halt! das war unrecht. Mein alter Gesellschafter muß mit mir gehen. Er hat mit mir gehungert und gewinselt; er soll sich auch mit mir freuen. Er und mein Sohn sind alte gute Freunde. O wie wird der gute Fidel vor uns herspringen!

Er geht in die Hütte.

FRANZ *ihm nachsehend.* Warum bin ich nicht reich? oder ein Fürst? Augenblicke, wie diese, sind es, in welchen ich Fürstenreichtum beneide. *Er geht ab.*

Achter Auftritt

Ein Zimmer im Schloß.

EULALIA *tritt auf, mit einem Briefe in der Hand.* Das ist mir nicht lieb. Ich hatte mich so gewöhnt an die stille Einsamkeit. Ruhe wohnt freilich nicht immer in der Brust des Einsamen, denn ach! du nimmst dein Gewissen mit in Klöster und Wüsteneien! Aber ich konnte doch weinen, wenn mir der Kummer das Herz nagte, und niemand sah mein rotgeweintes Auge, und niemand fragte: warum haben Sie geweint? Ich konnte durch Tal und Flur umherschweifen und niemand sah, daß mein Gewissen mich jagte. – Nun werden sie mir auf den Hals kommen, werden mich in ihre Gesellschaften ziehen; da werd' ich reden und lachen sollen, an schönen Tagen mit ihnen spazierengehn, und bei Regenwetter wohl gar Karte spielen. – Nimmt man einmal ein Buch in die Hand, so heißt's gleich: was lesen Sie da? erzählen Sie doch! was steht in dem Buche? oder: werfen Sie das einfältige Buch auf die Seite! wer wird immer lesen?

– Ach! ich wollte, sie wären in der Stadt geblieben, auf ihren Bällen und Clubs, auf ihren Assembleen und Promenaden, und hätten sich da begafft und verleumdet, und betrogen und verführt. – Und heute schon! – *In den Brief sehend.* ach! das ist mir gar nicht lieb! und ich kann nicht recht klug aus dem Briefe werden, ob die Reise aufs Land nur so eine Grille war, Laune eines Augenblicks, oder Plan auf längere Dauer. Fast befürcht' ich das letztere: und dann – gute Nacht, Einsamkeit, die du so oft mit deinem magischen Stabe Ruhe in dieses Herz zurückbrachtest! Gute Nacht, Lektüre! Schales Plaudern wird dich verdrängen. Hier, wo die Morgensonne sich nur in meiner Träne spiegelte, hier wird Jagdgetöse und Hundegeheul sie begrüßen. – Ach! alles wollt ich gern ertragen; aber wenn nun die edle Gräfin mir Beweise ihrer Zuneigung, wohl gar ihrer Hochachtung gibt, und ich alle Augenblicke fühlen muß, daß ich das nicht verdiene – o wie wird dann mein Gewissen mich peinigen! – Oder – ich bebe vor dem Gedanken! – wenn dieses Schloß nun ein Tummelplatz von Gesellschaften würde, unter welche das Ohngefähr wohl gar einige meiner ehemaligen Bekannten mischte! – ach! wie elend ist man, wenn auch nur zwei Augen in der Welt sind, deren Blick man scheuen muß.

Neunter Auftritt

Peter – Eulalia.

PETER. Nun, da bin ich.
EULALIA. Schon zurück?
PETER. Gelt, ich bin flink? und ich habe unterweges noch obendrein einen Schmetterling gehascht, und auch wohl ein Viertelstündchen verplaudert.
EULALIA. Plaudern laß ich gelten; nur nicht ausplaudern.
PETER. Ei bewahre der Himmel! Nein, ich sagte dem alten Tobies, das würde er in seinem Leben nicht erfahren, daß das Geld von Ihnen käme.
EULALIA. Allerliebst!
PETER. Und den Musje Franz, hi! hi! hi! den ließ ich auch mit einer langen Nase abziehn.
EULALIA. Sie fanden den alten Tobies völlig wiederhergestellt?
PETER. I freilich; er will heute zum ersten Male wieder heraus, in die frische Luft.
EULALIA. Gott sei Dank! – *Für sich.* Bin ich nicht ein Kind? ich freue mich, wie ein Mensch, der Hunderttausende schuldig ist, und dem es endlich gelang – einen Taler abzubezahlen.

PETER. Er sagte, das alles hätt' er Ihnen zu danken; er wollte noch vor dem Essen selbst heraufkriechen und Ihre Knie umfassen.
EULALIA. Lieber Musje Peter, wollen Sie mir einen Gefallen tun?
PETER. I herrje! hundert für einen. Wenn Sie mir nur auch erlauben wollen, Sie recht lange anzusehen.
EULALIA. Herzlich gern. Geben Sie Achtung, wenn der alte Tobies kommt, und lassen Sie ihn nicht herauf. Sagen Sie ihm, ich hätte keine Zeit, ich wäre krank, ich schliefe, oder was Sie sonst wollen.
PETER. Gut, gut. Und wenn er nicht geht, so will ich die Hofhunde auf ihn hetzen.
EULALIA. Ei bewahre Gott! Sie müssen ihm kein Leid zufügen, hören Sie? den alten Mann ja nicht kränken.
PETER. Wohl! wohl! alles wie Sie befehlen. Sonst ist der Sultan ein tüchtiger Hund, und der Caro hat wohl eher manchen Bauerlümmel in die Waden gebissen.

Zehnter Auftritt

Bittermann – Die Vorigen.

BITTERMANN. Guten Morgen, guten Morgen, meine liebe scharmante Madam Müller; ich freue mich recht herzlich, Sie wohl zu sehen. Hochdieselben haben mich rufen lassen. Vermutlich etwas Neues aus der Residenz? – Ja, ja, es gehn wichtige Dinge vor; ich habe auch Briefe. –
EULALIA *lächelnd.* Freilich, lieber Herr Bittermann; Sie korrespondieren ja mit der ganzen Welt.
BITTERMANN *wichtig.* Wenigstens habe ich den Hauptstädten von Europa meine sichern Korrespondenten.
EULALIA. Und doch zweifle ich, ob Sie wissen, was heute hier im Hause vorgehen wird?
BITTERMANN. Hier im Hause? Nichts von Bedeutung. Wir wollten heute ein paar Tonnen Gerste aussäen; aber die Witterung ist mir zu trocken. Ich hatte gestern Briefe aus Siebenbürgen; auch da mangelt der liebe Regen. Die allgemeine Klage durch ganz Europa! Doch ein Pläsierchen können Sie sich heute machen, wir haben Schafschur.
PETER. Und die Eier der großen Glucke müssen heut auskommen. Und der wilde braune Hengst –
BITTERMANN. Schweig, Tölpel!
PETER. Nun da haben wir's! ich darf das Maul nicht auftun.

Er setzt seinen Hut auf und geht maulend ab.

EULALIA. Unser Graf wird heute hier sein.
BITTERMANN. Wie? Was?
EULALIA. Nebst seiner Gemahlin und seinem Schwager, dem Major von der Horst.
BITTERMANN. Spaß apart?
EULALIA. Sie wissen, lieber Herr Bittermann; ich bin eben nicht sehr spaßhaft.
BITTERMANN. Peter! – Du lieber Gott! Seine Hochgeborne Exzellenz, der Herr Graf, in eigener hoher Person – Peter! – und die gnädige Frau Gräfin – und seine Hochwohlgebornen Gnaden, der Herr Major – und hier ist nichts in der gehörigen Ordnung – Peter! Peter!
PETER. Nu, was gibt's schon wieder?
BITTERMANN. Ruf doch geschwind die Leute zusammen; schick nach dem Förster; er soll ein Reh in die herrschaftliche Küche liefern – und Liese soll die Zimmer fegen und den Staub von den Spiegeln wischen, damit die gnädige Frau Gräfin sich darin besehen kann – und der Koch soll in der Eil ein paar Kapaunen schlachten – und Hans soll einen Hecht aus dem Teiche holen – und Friedrich soll meine Sonntagsperücke frisieren.

Peter ab.

EULALIA. Vor allen Dingen lassen Sie die Betten lüften und die Sofas aufklopfen. Sie wissen, der Herr Graf hat es gern ein wenig bequem.
BITTERMANN. Freilich freilich, meine liebe scharmante Madam Müller, das muß sogleich geschehen. Verzweifelt! da hab' ich im grünen Zimmer Erdäpfel aufgeschüttet; die können nicht so eilig transportiert werden.
EULALIA. Ist ja auch nicht nötig.
BITTERMANN. Lieber Gott! wo soll denn der Herr Major von der Horst logieren?
EULALIA. Geben Sie ihm das kleine rote Zimmer an der Treppe; das ist ein niedliches Zimmer und hat eine herrliche Aussicht.
BITTERMANN. Recht gut, liebe Herzensmadam Müller; aber da hat sonst immer der Haussekretär des Herrn Grafen gewohnt. Zwar, den brauchen Seine Exzellenz eben nicht notwendig; er hat alle Jahr kaum ein paar Briefe zu schreiben. Man könnte ihm – halt! es kommt mir da ein vortrefflicher Einfall. Sie kennen das kleine Häuschen am Ende des Parks? Da wollen wir den Herrn Sekretär hinstopfen.
EULALIA. Sie vergessen, lieber Herr Bittermann, da wohnt der Fremde.
BITTERMANN. Ach, was geht uns der Fremde an? Wer hat ihn heißen hineinziehen? er muß heraus.

EULALIA. Das wäre unbillig. Sie selbst haben die Wohnung ihm eingeräumet, und ich denke, er bezahlt sie Ihnen gut.
BITTERMANN. Er bezahlt wohl, und so ein Akzidens für einen armen Verwalter ist freilich nicht zu verachten; aber –
EULALIA. Nun, aber?
BITTERMANN. Aber man weiß doch nicht, wer er ist; kein Teufel kann klug aus ihm werden. Ich habe den Henker von seinem Gelde, wenn er mich für jeden Groschen quälen will.
EULALIA. Er quält Sie? wodurch?
BITTERMANN. Zerbrech' ich mir denn nicht schon seit ganzen Monaten vergebens den Kopf, um hinter das Geheimnis zu kommen? Zwar hatt' ich vor kurzem einen Brief aus Spanien, in welchem man mir meldet, daß sich in hiesigen Gegenden ein Spion aufhalte; und der Beschreibung nach –
EULALIA *lächelnd*. Leicht möglich! Der König von Spanien hat von Ihrer vortrefflichen Schafzucht gehört, und da seine eigenen Schafe nicht viel taugen, so will er Ihnen die Kunstgriffe ablauren lassen. Nein, lieber Herr Bittermann, lassen Sie den fremden, geheimnisvollen Mann zufrieden. Er ist mir zwar noch nie in den Wurf gekommen, und ich bin auch eben nicht neugierig, ihn zu sehen; aber alles, was ich von ihm höre, charakterisiert ihn als einen Menschen, den man allenthalben wohl dulden mag. – Er lebt still und friedlich.
BITTERMANN. Das tut er.
EULALIA. Er erzeigt manche Wohltat im verborgenen.
BITTERMANN. Das tut er.
EULALIA. Er beleidigt kein Kind.
BITTERMANN. Nein, das tut er nicht.
EULALIA. Er fällt niemanden zur Last.
BITTERMANN. Nein, das auch nicht.
EULALIA. Nun, was wollen Sie mehr?
BITTERMANN. Ich will wissen, wer er ist. – Und wenn er einem nur Rede stünde, daß man ihn bei Gelegenheit fein ausholen könnte! Aber wenn er mir auch einmal im dunklen Lindengange, oder unten am Bache aufstößt – das sind so seine beiden Lieblingsspaziergänge – so heißt es: guten Tag und guten Weg, und damit holla! – Ich habe ein paarmal angefangen: es ist heute schönes Wetter. – Ja. – Die Bäume fangen schon an auszuschlagen. – Ja. – Der Herr machen sich, wie ich sehe, eine kleine Bewegung. – Ja. – Nun so geh du und der Teufel! Und wie der Herr, so der Diener; gerade so ein Stax. Ich weiß nicht eine Silbe von ihm, als daß er Franz heißt.
EULALIA. Sie ereifern sich, lieber Herr Bittermann, und vergessen ganz darüber die Ankunft unsers Grafen.

BITTERMANN. Ach der Teufel! Gott verzeih mir die Sünde! Da sehn Sie nun, liebe Madam Müller, was für Unglück daraus entsteht, wenn man die Leute nicht kennt.
EULALIA *nach der Uhr sehend.* Schon neun Uhr! Wenn der Herr Graf sich ein Stündchen von seinem Schlafe abgebrochen hat, so kann die Herrschaft bald hier sein. Ich gehe das Meinige zu tun; tun Sie das Ihrige. *Ab.*

Eilfter Auftritt

BITTERMANN *allein.* Ja ja, ich will das Meinige schon tun. Die ist mir auch so eine; man weiß ja auch nicht, wer sie ist. Madam Müller! Ja lieber Gott! Madam Müller. Es gibt der Madam Müllers viele in der Welt. – Das weiß ich wohl, daß die gnädige Frau Gräfin mir vor drei Jahren die Madam Müller so unvermutet ins Haus gesetzt hat, wie einen Dintenklecks auf einen Bogen Papier; aber woher? warum? weswegen? ja, da haperts. – »Sie soll die innere Wirtschaft führen«, sagte die Frau Gräfin. Je du lieber Gott! hab' ich denn nicht etwa der innern und äußern Wirtschaft zwanzig Jahre lang mit Ruhm vorgestanden? – Freilich, ich werde alt, und das muß ich ihr nachsagen, sie gibt sich viele Mühe. Aber hat sie nicht alles von mir gelernt? Wie sie herkam – Gott verzeih mir meine Sünde! – Sie wußte ja nicht einmal, daß man aus Flachs Leinewand webt.

Ende des ersten Aufzugs.

Zweiter Aufzug

Erster Auftritt

Der Major von der Horst hereingeführt von Bittermann und Peter, welcher während dieser ganzen Szene das Echo und der Affe seines Vaters ist.

BITTERMANN. Ich habe die Ehre, Ew. Hochfreiherrlichen Gnaden in meiner geringen Person den Herrn Haushofmeister Bittermann vorzustellen, welcher die Stunde selig preist, da ihm das Glück zuteil worden, den Hochfreiherrlichen Herrn Schwager Seiner Hochgräflichen Exzellenz von Angesicht zu Angesicht kennenzulernen.
PETER. Kennenzulernen.
DER MAJOR. O, schon mehr als zuviel, lieber Herr Bittermann! Ich bin Soldat, wie Sie sehen; ich mache wenig Umstände, und begehre dergleichen auch nicht von andern.
BITTERMANN. Bitte, bitte, Herr Major; wenn man gleich auf dem Lande lebt, so kennt man doch seine tiefe Schuldigkeit gegen hohe Personen.
PETER. Man kennt seine Schuldigkeit.
DER MAJOR. Nun, nun, wir werden schon noch bekannter werden. Sie sollen wissen, Herr Bittermann, daß ich wenigstens ein paar Monate lang die Einkünfte von Wintersee werde verzehren helfen.
BITTERMANN. Warum nicht jahrelang, Ew. Hochfreiherrlichen Gnaden? Dem alten Bittermann ist's eben recht. Der hat, ohne Ruhm zu melden, zusammengescharrt und -gespart, daß Se. Hochgräfliche Exzellenz darüber erstaunen werden.
DER MAJOR. Desto besser! Ein Sparer will einen Vertuer, und da finden Sie an meinem Schwager Ihren Mann. Sie wissen doch, daß er den Dienst quittieret hat, und in Zukunft sein Leben in Fried' und Ruhe hier auf Wintersee zu beschließen gedenkt?
BITTERMANN. Was Sie mir sagen! Nein, nicht eine Silbe ist mir zu Ohren gekommen.
PETER. Mir auch nicht.
DER MAJOR. Sie haben unsern alten Fürsten gekannt? Der war kein Liebhaber von Soldaten, hielt deren nur gerade soviel, als nötig war, um die Wache vor seinem Schlosse und an den Toren zu besetzen. Daran tat er auch, nach meiner Meinung, sehr wohl; denn sein Land vermag für Ernst zuwenig, und ein paar tausend Mann sind für Spaß zuviel. Andere Zeiten, andere Sitten. Der Alte starb, und der junge Fürst vertauschte seine hölzernen Puppen mit lebendigen. Da ging es nun an ein Exerzieren und Marschieren den lieben langen Tag. Früh um vier Uhr saß der Fürst schon zu Pferde. Das stand meinem Schwager, dem Herrn General, nicht an. Er hatte sich immer im Lehnsessel die Rapports bringen lassen, war höchstens in jeder Woche einmal auf der

Parade erschienen, und nun sollt' er dem Kinderspiel seine Bequemlichkeit aufopfern: – flugs nahm er seinen Abschied.
BITTERMANN. Ei! ei!
PETER. Ei! ei!
BITTERMANN. Wunderlich, aber vortrefflich; besonders in Rücksicht auf meine Wenigkeit. Nun wird der alte Bittermann erst recht zu leben anfangen.
PETER. Und der junge Peter auch.
BITTERMANN. Der Herr Graf erhalten posttäglich, wie ich mich noch ganz wohl erinnere, den Hamburgischen unparteiischen Korrespondenten und den lustigen Erlanger. Nichts Neues, Herr Major, aus der politischen Welt?
DER MAJOR. Nichts, als daß der Krieg zwischen den benachbarten Mächten wahrscheinlich bald ausbrechen wird.
BITTERMANN *sehr wichtig*. O, das wissen wir schon seit zwei Monaten.
PETER. Ja, das wissen wir schon.
DER MAJOR *lächelnd*. Nicht möglich, Herr Bittermann! Vor zwei Monaten wußten die kriegführenden Mächte selbst noch nichts davon.
BITTERMANN. Ha! ha! ha! das ist eben der Spaß von der Sache. Man hat Freunde im Ministerium – man hat Korrespondenten – man erhält Briefe von allen Seiten.
DER MAJOR *welchem die Unterhaltung herzliche Langeweile macht, für sich*. Ich merke wohl, es wäre besser gewesen, ein paar Stunden auf der Straße die Langeweile zu ertragen. Da hat man doch Bäume um sich, und den blauen Himmel über sich.
BITTERMANN. Bedaure nur, daß nicht imstande bin, dem gnädigen Herrn die Zeit zu passieren.
PETER. Bedaure recht sehr.
BITTERMANN. Weiß gar nicht, wo Madam Müller stecken mag. Das ist eine Frau, die Mundwerk hat.
DER MAJOR. Madam Müller? Wer ist diese Madam Müller?
BITTERMANN. Ja, lieber Gott! wer sie ist, das weiß ich so eigentlich nicht zu sagen.
PETER. Ich auch nicht.
BITTERMANN. Keiner meiner Korrespondenten hat mir darüber Nachricht geben können. Sie ist hier quasi Haushälterin. – Mir deucht, ich höre ihre Silberstimme auf der Treppe. Ich werde sogleich die Ehre haben, sie heraufzuschicken.
DER MAJOR. Bemühen Sie sich nicht.
BITTERMANN. Was bemühen! Ich bin Ew. Gnaden allezeit bereitwilliger Diener.

Mit vielen Verbeugungen ab.

PETER *murmelt auch sein* Bereitwilliger Diener *zwischen den Zähnen, macht viele Kratzfüße und geht.*
DER MAJOR. Nun werden sie mir gar ein altes Weib auf den Hals schicken. – Die wird mich zu Boden schwatzen! – O köstliche Geduld!

Zweiter Auftritt

Eulalia – der Major.
Eulalia tritt mit einer sehr anständigen Verbeugung in das Zimmer.

DER MAJOR *erwidert sie ein wenig verwirrt, für sich.* Nein, alt ist sie nicht. *Er wirft noch einen Blick auf sie.* Beim Henker, nein! und häßlich auch nicht.
EULALIA. Ich freue mich, gnädiger Herr, in Ihnen den Bruder meiner Wohltäterin kennenzulernen.
DER MAJOR. Madam – jeder Titel ist kostbar, wenn er Anspruch auf Ihre Bekanntschaft gibt.
EULALIA *ohne das Kompliment weder durch Blick noch durch Stellung zu erwidern.* Die schöne Jahreszeit hat den Herrn Grafen vermutlich aus der Stadt gelockt?
DER MAJOR. Das wohl eben nicht. Sie kennen ihn. Ihm gilt es gleichviel, ob wir Regen oder Sonnenschein, Frühling oder Winter haben, wenn nur in seinem eignen Hause ein ewiger Sommer herrscht. Das heißt nämlich: eine freundliche Frau, eine gut besetzte Tafel und ein paar lachende Freunde.
EULALIA. Der Graf ist ein liebenswürdiger Epikureer; immer gleichlaunicht, immer genießend jede Minute seines Lebens – tropfenweise, wie das erste Glas Rheinwein, welches der Arzt einem Kranken erlaubt. Aber gestehn Sie, Herr Major, der Graf ist ein Schoßkind des Glücks. Nicht um Geburt und Reichtum, nein, um der gesunden Mischung seiner Säfte willen. Ein gesunder Körper ist gerne gepaart mit einer heitern Seele. Kranke Nerven, trägeschleichendes Blut, würden den Grafen elend machen, selbst in den Armen Ihrer liebenswürdigen Schwester.
DER MAJOR *der immer sichtbarer betroffen wird, sowie Eulaliens Verstand sich mehr und mehr ihm entwickelt.* Sehr wahr, Madam! – und mein guter bequemer Schwager scheint sein Glück zu fühlen und festhalten zu wollen. Er hat den Dienst verlassen, um ganz sich selbst zu leben.
EULALIA. Wirklich? Das macht seinem Kopfe Ehre.
DER MAJOR. Wenn nur die Einsamkeit ihm nicht am Ende lästig wird.
EULALIA. Ich denke, Herr Major, für den, der ein unbefangenes Herz in die Einsamkeit mitbringt, erhöht sie jede Freude des Lebens.

DER MAJOR. Zum ersten Male hör' ich das Lob der Einsamkeit aus einem schönen Munde.
EULALIA. Sie sagen mir da eine Schmeichelei auf Kosten meines Geschlechts.
DER MAJOR. Ist die Einsamkeit schon lange im Besitz einer so liebenswürdigen Verteidigerin?
EULALIA. Ich wohne hier seit drei Jahren.
DER MAJOR. Und nie ein leiser Wunsch nach Stadt und Menschengewühl?
EULALIA. Nie, Herr Major.
DER MAJOR. Das zeugt entweder von einer sehr rohen oder von einer sehr ausgebildeten Seele. Ihr erster Blick läßt keinen Zweifel übrig, zu welcher Klasse man Sie rechnen darf.
EULALIA *mit einem Seufzer.* Es gibt vielleicht noch einen dritten Fall.
DER MAJOR. Wirklich, Madam – ohne ihrem Geschlechte zu nahe treten zu wollen – Die Weiber schienen mir immer weniger für die Einsamkeit geschaffen, als die Männer. Wir haben tausenderlei Beschäftigungen, tausenderlei Zerstreuungen, welche Ihnen mangeln.
EULALIA. Darf ich fragen: welche?
DER MAJOR. Wir reiten, wir jagen, wir spielen, wir lesen, wir schreiben Briefe, wir schriftstellern wohl gar ein wenig –
EULALIA. Die edle Jagd und das noch edlere Spiel räum' ich Ihnen willig ein; aber ich fürchte, dabei haben Sie wenig gewonnen.
DER MAJOR. In der Tat, Madam, ich wünschte einen Tag lang Zeuge Ihrer Beschäftigungen zu sein.
EULALIA. O, Sie können nicht glauben, Herr Major, wie schnell die Zeit vorbeieilt, wenn eine gewisse Einförmigkeit in unserer Lebensart herrscht. Ein Tag, wie der andere; die heutige Morgenstunde, wie die gestrige; o, da fragt man sich so oft: haben wir heute schon Sonnabend? ist der Montag schon zu Ende? – Wenn ich an einem heitern Morgen mir den Kaffee auf den grünen Hofplatz hinaustragen lasse, dann ist mir das süße Bild der auflebenden Geschäftigkeit und Tätigkeit um mich her immer neu. Die Schwalben schwirren, die Enten und Gänse schnattern, das Vieh wird ausgetrieben, der Bauer zieht hinaus aufs Feld, und wünscht mir im Vorbeigehen einen freundlichen, guten Morgen, alles lebt und webt und ist froh. Wenn ich nun ein paar Stunden lang Zeuge dieses erquickenden Schauspiels gewesen bin, dann geh' ich an meine Geschäfte, und eins, zwei, drei, ist der Mittag da. Gegen Abend fang ich an herumzuschwärmen, aus dem Garten in den Park, aus dem Park auf die Wiesen. Ich füttere mein Federvieh, ich begieße meine Blumen, ich pflücke Erdbeeren, schüttle Kirschen von den Bäumen, oder ich sehe den Bauerknaben zu, wie sie spielen.
DER MAJOR. Alles das sind Freuden des Sommers. Aber der Winter! der Winter!

EULALIA. O, wer wird sich nun gerade den Winter immer denken, als einen Greis, in Pelz gehüllt, mit dem Muff in der Hand? Der Winter hat seine eigenen Freuden. Wenn draußen Schnee und Hagel an die Fenster stürmt, so tut einem schon der Gedanke so wohl: ich sitze hier am warmen Ofen. Und dann ist's Zeit, den Bücherschrank zu öffnen, durch Lesen die Seele zu erheitern, bis die Frühlingssonne wieder wärmer scheint. Oder ich lasse mir mein Klavier stimmen, so gut unser Schulmeister das versteht, und spiele mir selbst eine Sonate von Mozart, oder singe mir eine Arie von Paisiello.
DER MAJOR. Selig, wer den Faden seiner Beschäftigungen so ganz aus sich selbst zu spinnen vermag!
EULALIA. Und, lieber Gott! wie unersättlich frißt das Stadtleben die kostbare Zeit! Da muß ich heute Visiten geben, morgen lästige Besuche empfangen., heute mir eine Haube stecken, morgen mir ein Kleid garnieren. Hier fragt niemand damach; für die Frau Pastorin ist meine Haube noch immer nach dem neuesten Geschmack.
DER MAJOR. Aber man will doch zuweilen ein Menschenantlitz sehen.
EULALIA. Fehlt es mir etwa daran? O Herr Major, ich sehe Menschengesichter, die gesunder und froher um sich blicken, als Ihre städtischen Gerippe. Und dann hab' ich, außer dem Herrn Bittermann und seinem Peter, noch so eine ganz eigene Gesellschaft, die mich zuweilen herzlich belustigt, nämlich die Bauerweiber aus dem Dorfe. Die kommen im Winter mit ihren Spinnrädern; da setz' ich mich mitten unter sie, und da erzählen sie mir und belehren mich, über Flachs und Hanf, über Milch und Butter, und was dergleichen mehr ist. Die guten Seelen haben mich alle lieb, weil ich sie immer um Rat frage, und weil sie sich dabei so wichtig fühlen.
DER MAJOR. Gewiß, Madam, wenn jemand auf der Welt versteht, aus jeder Blume Honig zu saugen, so sind Sie es.

Eulalia stößt einen unwillkürlichen Seufzer aus.

Dritter Auftritt

Peter – die Vorigen – bald nachher der Greis.

PETER. Ja, ich kann ihn nicht halten; er ist schon auf der Treppe.
EULALIA. Wer?
PETER. Der alte Tobies. Hätten Sie mir erlaubt, den Sultan auf ihn zu hetzen; meiner Six! er wäre nicht über die Schwelle gekommen.

Ab.

GREIS *sich hereindrängend.* Ich muß – guter Gott! ich muß! –
EULALIA *sehr verlegen.* Ich habe jetzt keine Zeit, Alter. Ihr seht, ich bin nicht allein.
GREIS. Ach! der gnädige Herr wird mir verzeihen.
DER MAJOR. Was wollt Ihr?
GREIS. Danken will ich! Empfangene Wohltaten sind ja auch eine Bürde, wenn man nicht danken darf.
EULALIA. Morgen, lieber Alter, morgen.
DER MAJOR. Keine falsche Bescheidenheit, Madam! Erlauben Sie ihm, daß er seinem Herzen Luft mache, und gestatten Sie mir, Zeuge eines Auftritts zu bleiben, welche redender als Ihr Gespräch mich belehrt, wie edel Sie Ihre Zeit zubringen. – Rede, Alter, rede!
GREIS. O, daß jedes meiner Worte Segen auf Sie herunterbeten könnte! – Verlassen lag ich in meiner Hütte, Fieberfrost klapperte mir in den Zähnen. Der Wind sauste durch die Spalten meiner zerfallenen Wohnung, und der Regen schlug durch die zerbrochenen Fenster. Da hatt' ich keine Decke, meine Füße dreinzuwickeln; nur mein alter treuer Hund wärmte mich und wedelte mir Trost zu. Aber nicht einmal ein Bissen Brot war mir übriggeblieben für den treuen Gefährten meiner alten Tage. Ach! da erschienen Sie mir in Gestalt eines Engels, reichten mir Arzeneien, und Ihre tröstende liebliche Stimme wirkte kräftiger, als Ihre Arzeneien, kräftiger als die Hühnerbrühen, die Sie mir täglich schickten, und der Wein, womit Sie mich labten. Ich bin genesen; ich habe heute zum ersten Male, im Angesicht der Sonne, Gott meinen Dank dargebracht, und nun komme ich zu Ihnen, edle Frau. Lassen Sie mich meine Tränen auf Ihre wohltätige Hand weinen! Lassen Sie mich Ihre Knie umfassen! *Er will niederfallen, Eulalia verhindert es.* Um Ihrentwillen hat Gott mein Alter gesegnet. Der fremde Herr, der dort in meiner Nachbarschaft wohnt, hat mir heute einen Beutel mit Gold geschenkt, um meinen Hans loszukaufen. Ich bin auf dem Wege nach der Stadt; ich kaufe meinen Hans los; dann gibt er mir eine brave Schwiegertochter; dann schaukele ich vielleicht noch Enkel auf meinen Knien – und Sie, wenn Sie dann vor meiner glücklichen Hütte vorübergehen – o wie wohl muß Ihnen zumute werden, wenn Sie sich sagen: das ist mein Werk!
EULALIA *bittend.* Genug, Alter, genug!
GREIS. Ja wohl genug! denn ich kann's doch nicht so von mir geben, wie es hier in meinem Herzen geschrieben steht. Gott weiß das besser. Gott und Ihr Herz mögen es Ihnen vergelten! *Ab.*

Vierter Auftritt

Eulalia – Der Major.
Eulalia schlägt die Augen nieder und kämpft mit der Verwirrung einer schönen Seele, welche man auf einer guten Tat ertappt hat. Der Major steht ihr gegenüber und wirft von Zeit zu Zeit Blicke auf sie, in welchen sein Herz schwimmt.

EULALIA *bemüht sich ein anderes Gespräch anzuknüpfen.* Mir deucht, der Herr Graf könnte nun bald hier sein.
DER MAJOR. Nicht doch, Madam. Er mag immer langsam fahren; die Wege sind holpericht. Sein Außenbleiben hat mir eine Unterhaltung verschafft, die ich nie vergessen werde.
EULALIA *lächelnd.* Ei, Herr Major, Sie machen eine Satire auf die Menschen.
DER MAJOR. Wieso?
EULALIA. Weil dergleichen Auftritte Ihnen selten scheinen.
DER MAJOR. Wirklich, Madam, Sie haben's erraten. – Und heute – ich gestehe es – ich war so wenig vorbereitet auf eine Bekanntschaft, wie die Ihrige – ich fühlte mich so sehr überrascht – Als mir Bittermann Ihren Namen nannte; – wer hätte glauben sollen, daß hinter einem so alltäglichen Namen –
EULALIA *schnell einfallend.* Ein nicht ganz alltägliches Weib verborgen wäre? – *Scherzend.* Darum rate ich Ihnen – was schon mancher Sittenlehrer ohne Erfolg angepriesen hat – einen guten Menschen ohne Namen immer höher zu schätzen, als einen Toren, dessen Name dreihundert Jahre alt ist. – Verzeihen Sie! Ich werde mutwillig. Weiber kommen so leicht ins Plaudern.
DER MAJOR. Und wissen so fein von der Straße abzulenken. – Von Ihrem Namen war die Rede.
EULALIA. Nun ja, ich denke ihn nicht berühmter zu machen, als er ist.
DER MAJOR. Verzeihen Sie meine Neubegier. Sie waren – *Schüchtern.* oder sind verheuratet?
EULALIA *plötzlich aus ihrer muntern Laune in traurigen Ernst fallend.* Ich war verheuratet, Herr Major.
DER MAJOR *dessen neugierige Äußerungen doch immer in den Grenzen des feinsten Anstandes bleiben.* Witwe also? –
EULALIA. Ich bitte Sie – es gibt Saiten im menschlichen Herzen, deren Berührung zuweilen einen so traurigen Mißton hervorbringt – ich bitte Sie –
DER MAJOR. Ich verstehe.

Er schweigt ehrerbietig.

EULALIA *nach einer Pause ihre vorige Laune wieder erkünstelnd.* Wahrhaftig, ich werde anfangen, dem Herrn Bittermann seine Kunstgriffe abzulernen. Nichts Neues aus der Residenz, Herr Major?
DER MAJOR. Nichts von Bedeutung. Doch – ich kann nicht wissen, was Sie dort interessiert, welche Bekanntschaften Sie haben.
EULALIA. Ich? nicht eine einzige.
DER MAJOR. Also wohl gar nicht einmal in unserm Lande geboren?
EULALIA. Weder geboren, noch erzogen.
DER MAJOR. Darf ich fragen, welcher Himmelsstrich –
EULALIA. So glücklich gewesen, meine Wenigkeit hervorzubringen? Ich bin eine Deutsche; das heilige römische Reich ist mein Vaterland.
DER MAJOR. Wirklich, Sie wissen alles in einen geheimnisvollen Schleier zu hüllen; nur Ihre Vorzüge nicht.
EULALIA. Das müssen Sie schon der weiblichen Eitelkeit zugute halten.

Fünfter Auftritt

Bittermann und Peter reißen die Türen auf. Es treten herein der Graf und die Gräfin mit ihrem Kinde an der Hand.

DER GRAF. Nun, da wären wir. Gott segne unsern Ein- und Ausgang! – Madam Müller, ich bringe Ihnen einen Invaliden, der in Zukunft zu keiner andern Fahne schwören will, als zu der Ihrigen.

Er umarmt sie.

EULALIA. Meine Fahne weht für die Einsamkeit.
DER GRAF. Und ist mit Liebesgötterchen auf allen Seiten bemalt.
GRÄFIN *welche indessen auch Eulalien freundschaftlich umarmt und von ihr bewillkommt wird.* Sie vergessen, Herr Gemahl, daß ich dabei bin.
DER GRAF. Zum Henker! Frau Gemahlin, ich kann doch nicht weniger tun, als Ihr süßer Herr Bruder. Der hat meine vier Schimmel halb totgefahren, um nur ein paar Minuten früher anzukommen.
DER MAJOR. Hätt' ich alle Reize dieses Aufenthalts gekannt, so möchten Sie wohl recht haben.
GRÄFIN *zu Eulalia.* Ist mein Wilhelm nicht recht groß geworden?
EULALIA. Das süße Kind!

Sie kauert sich zu ihm nieder und tiefe Melancholie überschattet ihr Gesicht.

DER GRAF. Nun, Bittermann, ich denke, Er hat für eine gute Mahlzeit Sorge getragen?
BITTERMANN. So gut sichs in der Eile hat wollen tun lassen.

Der Graf läßt sich seinen Oberrock ausziehen; indessen zieht der Major die Gräfin auf die Seite.

DER MAJOR. Ich bitte dich, Schwester, welche Perle hast du da auf dem Lande verscharrt?
GRÄFIN. Ha! ha! ha! Herr Weiberhasser! ist Er gefangen?
DER MAJOR. Gib Antwort!
GRÄFIN. Nun, sie heißt Madam Müller.
MAJOR. Das weiß ich; aber –
GRÄFIN. Aber mehr weiß ich auch nicht.
MAJOR. Scherz beiseite! ich wünschte zu wissen –
GRÄFIN. Scherz beiseite, Herr Bruder! ich wünschte, du ließest mich in Ruhe. *Laut.* Mein Gott! ich habe ja noch zehn mal hunderttausend Dinge zu besorgen. Das erste und wichtigste, mein Kopfputz. Ich wette, daß der Pastor und der Amtmann mir noch heute ihre untertänige Aufwartung machen werden; nun, da muß man wohl den Spiegel ein wenig zu Rate ziehen. Komm, Wilhelm, wir wollen uns ankleiden. Auf Wiedersehn, liebe Madam Müller! *Sie geht mit dem Kinde ab.*
MAJOR *für sich.* Ich bin in einer sonderbaren Stimmung. *Er will gehen.*
GRAF. Wohin, Herr Schwager?
MAJOR. Auf mein Zimmer.
GRAF. Ei so bleiben Sie doch! Wir wollen vor dem Essen noch einen Spaziergang in den Park machen.
MAJOR. Verzeihen Sie! Es spazieren mir so viele Dinge im Kopfe herum, daß ich an keinen andern Spaziergang denken kann. *Ab.*

Sechster Auftritt

Der Graf – Bittermann – Peter – Eulalia.
Graf hat sich behaglich in einen Sessel geworfen. Eulalia steht an der Seite, hat ihren Strickstrumpf hervorgezogen und wischt sich dann und wann eine Träne aus den Augen.

GRAF. Nun, Bittermann, Er ist doch immer ein närrischer Kerl.

BITTERMANN. Ewr. Hochgräflichen Exzellenz untertänigst aufzuwarten.
GRAF. Ich denke, wir wollen recht viel Spaß miteinander haben.
BITTERMANN. Das wollen wir, geliebt es Gott!
GRAF *auf Peter zeigend.* Wer ist denn der große Maulaffe da?
BITTERMANN. Das ist, mit Respekt zu melden, mein leiblicher Sohn, mit Namen Peter.

Peter macht Kratzfüße.

GRAF. So so. – Wie sieht's in der Wirtschaft aus?
BITTERMANN. Alles wohl und gut. Hab, ohne mich zu rühmen, gearbeitet, wie ein Pferd.
GRAF. Warum nicht gar, wie ein Esel?
BITTERMANN. Oder wie ein Esel, wenn Ew. Hochgräfl. Exzellenz so befehlen. – Das Heu ist dieses Jahr vortrefflich geraten. Dem Roggen hat der Wurm Schaden getan.
GRAF. Wie sieht's mit der Jagd aus?
BITTERMANN. Federwildpret in Menge, und die Hasen haben im Frühjahr dem Roggengras weidlich zugesprochen.
GRAF. Ist Er auch ein Jäger?
BITTERMANN. Vor diesem wohl; aber seit vier Jahren, als mir das Unglück begegnete, daß ich drei zahme türkische Gänse schoß, die ich für Trappen ansah, habe ich keine Flinte wieder losgebrannt. Mein Peter schießt zuweilen Sperlinge.
PETER. Ich schieße Sperlinge.
BITTERMANN. Ich habe lieber nebenher für Ew. Hochgräfl. Exzellenz hohes Pläsier gesorgt. Den Park sollen der Herr Graf sehen, wie ich den zugestutzt habe; Sie werden ihn nicht wiederkennen. Eine Einsiedelei, krumme Gänge, ein Obelisk, Ruinen eines alten Raubschlosses. Und alles mit Ökonomie, alles mit der sparsamsten Sparsamkeit. Hä! hä! hä! Da hab ich, zum Beispiel, über den kleinen Fluß eine chinesische Brücke gebaut. Was meinen der Herr Graf, wo ich das Holz dazu hernahm? Hä! hä! hä! von dem alten eingefallenen Hühnerstall.
GRAF. Das mußte ja mürbes Holz sein. Und die Brücke steht noch?
BITTERMANN. Sie steht noch bis auf den heutigen Tag.
GRAF *aufstehend.* Nun, ich will doch die Herrlichkeiten besehen. Laß Er unterdessen die Tafel decken!
BITTERMANN. Ist schon besorgt. Ich werde die Ehre haben, Ew. Hochgräfl. Exzellenz in Untertänigkeit zu begleiten.
PETER. Werde auch die Ehre haben.

GRAF *im Abgehn.* Sie sind ja so fleißig, liebe Madam Müller, als ob Sie Ihr Brot mit Stricken verdienen müßten. *Ab mit Bittermann und Peter.*

Siebenter Auftritt

EULALIA *allein.* Was ists, das mich so fürchterlich erschüttert hat? Mein Herz blutet; meine Tränen fließen. Schon war es mir gelungen, Herr über meinen Kummer zu scheinen, und mindestens jene frohe Laune zu erheucheln, die einst mir so eigen war. Ach! da schlägt der Anblick dieses Kindes mich tief, tief zu Boden. – Als die Gräfin den Namen Wilhelm nannte – ach! sie wußte nicht, daß sie mir einen glühenden Dolch durchs Herz stieß. – Ich habe auch einen Wilhelm! Er muß jetzt so groß sein, als dieser, wenn er noch lebt – ja, wenn er noch lebt! Wer weiß, ob er und meine kleine Amalia nicht schon lange vor Gottes Richterstuhl Wehe! über mich schreien! – Warum quälst du mich, marternde Phantasie? warum kreischest du mir ihr hülfloses Wimmern in die Ohren? warum malst du mir die armen Kleinen, kämpfend gegen Masern- und Blatterngift, lechzend mit dürrer Zunge nach einem Trunk, den die Hand eines Mietlings ihnen darreicht – vielleicht auch versagt. – Denn ach! Sie sind ja verlassen von ihrer unnatürlichen Mutter. – *Bitterlich weinend.* O ich bin ein elendes, verworfenes Geschöpf! Und daß eben heute dies ganze schreckliche Gefühl in mir rege werden mußte! eben heute, da mein Gesicht einer Larve so bedürftig war!

Achter Auftritt

Lotte – Eulalia.

LOTTE *im Hereintreten, zur Tür hinaus belfernd.* Nun ja, das wäre mir eben recht. Warum nicht lieber gar in den Stall? – Ihre Dienerin, Madam Müller. Ich bitte mir ein Zimmer aus, wie es sich für eine honette Person geziemt.
EULALIA. Ich denke, man hat Ihnen ein recht artiges Zimmerchen eingeräumt.
LOTTE. Ein artiges Zimmerchen? seht doch! hinten an der Treppe, gerade über dem Kuhstall. Fi! Da könnt' ich vor Gestank kein Auge zutun.
EULALIA *sehr sanft.* Ich habe selbst ein ganzes Jahr lang da geschlafen.
LOTTE. Wahrhaftig? Nun so rate ich Ihnen, je eher je lieber wieder hineinzuziehen. Meine liebe Madam, es ist ein großer Unterschied zwischen gewissen Personen und gewissen Personen; es kommt gar viel darauf an, wie man es von Jugend auf gewohnt

gewesen. Mein seliger Papa war Hofkutscher, und trug die Livree Sr. Durchlaucht. Gewisse Personen sind so aus der Luft heruntergeschneit, und mögen freilich wohl ihre Nasen von Kindheit auf an den Geruch von Kuhställen gewöhnt haben. – Ich dächte, Madam, Sie träten mir Ihr Zimmer ab.
EULALIA. Wenn die Frau Gräfin es befiehlt, recht gern.
LOTTE. Wenn die Frau Gräfin es befiehlt? Seht doch! Wer wird denn hohe Herrschaften mit solchen Bagatellen überlaufen? Ich werde meinen Koffer dahin bringen lassen, wohin es mir beliebt.
EULALIA. Das mögen Sie tun; nur nicht auf mein Zimmer.
LOTTE. Auf Ihr Zimmer, Madam.
EULALIA. Ich trage den Schlüssel in meiner Tasche.
LOTTE. So bitt' ich mir ihn aus.
EULALIA. Auf Befehl der Frau Gräfin augenblicklich.
LOTTE. Verdammt! Doch warum such ich auch Lebensart unter Hühnern und Gänsen?

Neunter Auftritt

Peter – die Vorigen.

PETER *stürzt atemlos herein*. Ach herrjemine! ach herrjemine!
EULALIA. Was gibts?
PETER. Der gnädige Herr ist ins Wasser gefallen! Die Exzellenz ist ersoffen!
EULALIA UND LOTTE *zugleich*. Wer? Was?
PETER. Der gnädige Herr Graf –
EULALIA. Ist ertrunken?
PETER. Ja.
EULALIA. Tot?
PETER. Nein, tot ist er nicht.
EULALIA. Nun so schreien Sie nur nicht so, daß die Frau Gräfin nichts davon erfährt.
PETER. Ich nicht schreien? Ach herrjemine! Herrjemine! Die Exzellenz trieft, wie ein Budel, am ganzen Leibe.

Zehnter Auftritt

Die Gräfin – der Major von verschiedenen Seiten – die Vorigen.

GRÄFIN. Was gibts?
MAJOR. Welch Geschrei?
EULALIA. Ein Zufall, gnädige Gräfin; ich vermute, ein unbedeutender Zufall. Der Herr Graf ist dem Wasser zu nahe gekommen und hat sich die Füße ein wenig naß gemacht.
PETER. Die Füße? ja, prosit die Mahlzeit! Er ist bis über den Kopf hineingeplumpt.
GRÄFIN. Barmherziger Gott!
MAJOR. Ich eile –
EULALIA. Bleiben Sie, Herr Major; beruhigen Sie sich, gnädige Frau! Es sei geschehen, was da wolle, der Herr Graf ist zum mindesten gerettet. Nicht wahr, Musje Peter?
PETER. Meiner Six! die Exzellenz ist eben nicht tot, aber sie ist sehr naß.
GRÄFIN. Rede, junger Mensch, rede!
MAJOR. Erzähle alles, was du weißt!
PETER. Von Anfang bis zu Ende?
GRÄFIN. Ja, ja, nur geschwind.
PETER. Nun, sehn Sie nur, wir waren alle drei hier im Zimmer; ich, mein Papa, und der Herr Graf.
EULALIA. Ich merke wohl, auf diese Art wird Monsieur Peter vor Abend mit seiner Erzählung nicht fertig. Kurz und gut, Sie waren hier im Zimmer, und begleiteten den Herrn Grafen hinaus –
PETER. Richtig.
EULALIA. In den Park –
PETER. Richtig.
EULALIA. Und da gingen Sie spazieren –
PETER. Ganz recht! ich glaube, Sie können hexen.
EULALIA. Nun, was trug sich ferner zu?
PETER. I herrje! Wir gingen am Bache hinunter und kamen an die chinesische Brücke, die mein Papa aus dem alten Hühnerstall zusammengeschlagen hat. Da ging nun der Herr Graf auf die Brücke, und da sagte er, es wäre recht fein und lieblich anzusehen, wie der Fluß sich durch den Busch schlängelte, und da lehnte er sich ein wenig auf das Geländer; krach! brach das Geländer entzwei; plumps! lag die Exzellenz im Wasser.
EULALIA. Aber Sie zogen ihn doch gleich wieder heraus?
PETER. Ich nicht. –
EULALIA. Aber der Papa?
PETER. Der Papa auch nicht. –
EULALIA. Sie ließen ihn also liegen?
PETER. Wir ließen ihn liegen. Aber wir schrien alle beide aus Leibeskräften. Ich glaube, man hat es bis hinunter ins Dorf hören können.

EULALIA. Und da eilten Leute herbei?
PETER. Der fremde Herr kam, der dort unten neben dem alten Tobies wohnt, und immer kein Wort spricht. Das ist ein Teufelskerl! Mit einem Sprung war er im Wasser; da patschte er drin herum, wie eine Ente, erwischte die Exzellenz bei den Haaren, und schleppte sie glücklich ans Ufer.
GRÄFIN. Gott segne den fremden Mann!
MAJOR. Wo bleiben sie denn alle?
PETER. Sie kommen die Allee herauf.
EULALIA. Auch der Fremde?
PETER. Meiner Six! Der lief davon. Der Herr Graf wollte sich bei ihm bedanken; aber er war schon über alle Berge.

Eilfter Auftritt

Der Graf – Bittermann – die Vorigen.

GRÄFIN *ihrem Gemahl entgegen, ihn in ihre Arme schließend.* Ach mein Bester!
GRAF. Drei Schritt vom Leibe! Sie sehen ja, daß ich triefe.
GRÄFIN. Um Gottes willen! geschwind trockene Wäsche!
GRAF. Nun ja, ja! Sein Sie ruhig; es hat keine Gefahr. Ein alter Soldat ist wohl eher ein bißchen in der Schwemme gewesen. Aber es hätte übel ablaufen können, wenn nicht der großmütige Fremde – Wer ist der Mann? wer kennt ihn? Bittermann hat mir da allerlei verworrenes Zeug vorgeschwatzt.
EULALIA. Man kann nicht klug aus ihm werden. Er kam vor einigen Monaten in diese Gegend und mietete von Bittermann das kleine Haus am Ende des Parks. Da lebt er ganz im stillen; er sieht niemand, er spricht mit niemand; ich selbst sah ihn nur ein paarmal von ferne. Scheu und gebückt schleicht er umher und weicht jedermann aus; aber er tut viel Gutes im verborgenen.
GRAF. Lotte, geh hin und bitt' ihn auf den Abend zum Essen. Er möchte vorlieb nehmen, hörst du? er käme in das Haus eines Freundes.
GRÄFIN. Sie vergessen sich umzukleiden.
GRAF. Gleich, gleich.
GRÄFIN. Und niederschlagendes Pulver einzunehmen.
GRAF. Ich habe den Henker von Ihrem niederschlagenden Pulver. Ein Glas Malaga, um das Blut ein wenig lebhafter durch die Adern zu jagen. – Hör Er, Bittermann, das muß ich Ihm nachsagen, Er hat eine helle durchdringende Stimme; Er kann brüllen, daß mans bis unter das Wasser hört.

BITTERMANN. Ew. Hochgräflichen Exzellenz untertänigst aufzuwarten.
GRAF. Aber mit Seiner chinesischen Brücke kann Er zum Teufel gehn.

Ab.

GRÄFIN. Komm, Bruder, wir müssen ihn überreden, daß er ein paar Teelöffel voll Unzerisch Pulver einnimmt. Sie haben doch welches im Hause, liebe Madam Müller?
EULALIA. Augenblicklich. *Sie greift nach ihren Schlüsseln und geht ab.*

Gräfin und der Major folgen dem Grafen.

Zwölfter Auftritt

Bittermann – Peter – Lotte.

LOTTE. Ha! ha! ha! mein lieber Herr Bittermann, Sie haben sich ein wenig blamiert.
BITTERMANN. Lieber Gott! hochedle Mamsell, man will doch alles ökonomisch einrichten; die hohen Herrschaften sehen das selbst gern.
LOTTE. Ja, aber man muß doch keine Brücken von faulem Holz bauen.
BITTERMANN. Nun, so gar sehr verfault war es doch auch eben nicht. Seine Exzellenz, der Herr Graf, sind nur ein wenig schwer bei Leibe.
LOTTE. Aber warum sprangen Sie denn nicht selbst ins Wasser, um den gnädigen Herrn zu retten?
BITTERMANN. Gott behüte! Ich wäre untergesunken, wie ein Stück Blei. Nein, was deines Amts nicht ist, davon laß deinen Fürwitz. Und ich hatte überdies eben einen wichtigen Brief in der Tasche; der wäre mir ja ganz naß und unleserlich geworden; einen Brief aus Frankreich vom Chevalier – wie heißt er doch nun gleich? *Er zieht den Brief hervor, steckt ihn aber gleich wieder ein.* Sehn Sie, Sie könnten denken, es wäre nicht wahr. O! der enthält interessante Dinge. *Peter maust ihm den Brief aus der Tasche.* Die Welt wird erstaunen, wenn das öffentlich bekannt wird, und kein Mensch wird auf den Einfall geraten, daß der alte Bittermann die Hand mit im Spiele hatte.
LOTTE. Nein, wahrlich nicht.
BITTERMANN. Ich muß doch gehen und die chinesische Brücke ein wenig reparieren lassen, wenn etwa die Frau Gräfin Lust haben sollte –
LOTTE. Sich auch ein wenig zu baden?
BITTERMANN. Nicht doch, nicht doch! wir wollens schon befestigen. Gehorsamer Diener, hochedle Mamsell!

LOTTE *stolz*. Ihre Dienerin! *Bittermann ab.*
PETER *entfaltet den Brief.* Da ist der Brief aus Frankreich. Den hat mein Vetter geschrieben.
LOTTE. Ihr Vetter? Wer ist der?
PETER. I herrje, kennen Sie den nicht? Der Schneider Fummel in der Residenz.
LOTTE. Ihr Vetter ein Schneider? Ha! ha! ha! Mein Vater war Hofkutscher.

Ab.

PETER. Nun, da war er auch was Rechts. Aber warum sagt denn der Papa, der Brief käme aus Frankreich? Hm! hm! Was er nun da davon hat? *Ab.*

Ende des zweiten Aufzugs.

Dritter Aufzug

Die Bühne ist wie zu Anfang des ersten Aufzugs.

Erster Auftritt

Der Unbekannte sitzt auf der Rasenbank und liest. Franz kommt.

FRANZ. Das Essen ist fertig.
UNBEKANNTER. Ich mag nicht essen.
FRANZ. Junge Erbsen und ein gebratenes Huhn.
UNBEKANNTER. Für dich, wenn du willst.
FRANZ. Sie sind nicht hungrig.
UNBEKANNTER. Nein.
FRANZ. Die Mittagshitze benimmt allen Appetit.
UNBEKANNTER. Ja.
FRANZ. Ich werde das Hühnchen verwahren. Vielleicht auf den Abend –
UNBEKANNTER. Vielleicht.
FRANZ *nach einer Pause.* Gnädiger Herr, darf ich reden?
UNBEKANNTER. Rede.
FRANZ. Sie haben eine schöne Tat getan.
UNBEKANNTER. Welche?
FRANZ. Sie haben einem Menschen das Leben gerettet.
UNBEKANNTER. Schweig.
FRANZ. Wissen Sie auch, wem?
UNBEKANNTER. Nein.
FRANZ. Dem Grafen von Wintersee.
UNBEKANNTER. Gleichviel.
FRANZ. Wahrlich! so was kann einem alten Auge Tränen entlocken.
UNBEKANNTER. Altes Weib!
FRANZ. Ein so edler, ein so braver Herr –
UNBEKANNTER *böse.* Willst du mir schmeicheln? Pack dich fort!
FRANZ. Bei meiner armen Seele! es geht mir von Herzen. Wenn ich so im stillen zusehe, wie Sie um sich her Gutes wirken, wie Sie so die Not eines jeden zu Ihrer eigenen machen und doch selbst nicht glücklich sind – ach! da blutet mir das Herz.
UNBEKANNTER *weich.* Ich danke dir.

FRANZ. Lieber Herr, nehmen Sie mirs nicht übel! Sollte vielleicht nur dickes, schwarzes Blut Sie so schwermütig machen? Ich hörte einmal von einem berühmten Arzt: der Menschenhaß habe seinen Sitz im Blute, oder in den Nerven, oder im Eingeweide.
UNBEKANNTER. Das ist nicht mein Fall, guter Franz.
FRANZ. Also wirklich unglücklich? und doch so gut! Das ist ein Jammer!
UNBEKANNTER. Ich leide unverschuldet.
FRANZ. Armer Herr!
UNBEKANNTER. Hast du vergessen, was der Greis diesen Morgen sagte? »Es gibt noch ein anderes, besseres Leben!« Laß uns hoffen – und mutig tragen!
FRANZ. Amen!

Zweiter Auftritt

Lotte – Die Vorigen.

LOTTE. Mit Permission, Sie sind doch der fremde Herr, der meinen gnädigen Grafen aus dem Wasser gezogen?
UNBEKANNTER *sieht sie starr an.*
LOTTE *zu Franz.* Oder sind Sie es?
FRANZ *macht ihr ein unfreundlich Gesicht.*
LOTTE. Sind die Herren beide stumm? *Sie betrachtet sie wechselsweise; beide sehen ihr starr ins Gesicht.* Nun, das ist lustig, ha! ha! ha! *Wieder eine Pause.* So lachen Sie doch wenigstens mit. – Nein wahrlich! nicht eine Miene, nicht eine Falte. Ein paar Puppen, in Wachs formiert. Ich möchte lachen oder weinen, seufzen oder schreien; das bringt die Herren so wenig aus ihrer Fassung, als den Tom Pipes im Peregrine Pickle. – Sollte der spaßhafte Herr Bittermann ein paar Bildsäulen aufgestutzt haben? *Sie nähert sich Franzen.* Aber nein, das lebt, das holt Atem, das verdreht die Augen. *Ihm ins Ohr schreiend.* Guter Freund!
FRANZ. Ich bin nicht taub.
LOTTE. Und auch nicht stumm, wie ich endlich ein wenig spät erfahre. Ist jener Leblose dort sein Herr?
FRANZ. Jener brave Mann ist mein Herr.
LOTTE. Der nämliche, der –
FRANZ. Der nämliche.
LOTTE *sich zu dem Unbekannten wendend.* Meine gnädige Herrschaft, der Herr Graf von Wintersee und die Frau Gräfin, lassen sich Ihnen schönstens empfehlen und

angelegentlich bitten, diesen Abend auf dem Schlosse mit einem Gerichte Gernegesehn vorlieb zu nehmen.
UNBEKANNTER. Ich esse nicht.
LOTTE. Nun, so kommen Sie wenigstens.
UNBEKANNTER. Ich komme nicht.
LOTTE. So trocken werden Sie mich doch nicht abfertigen? – Kein Wort weiter? – Der Herr Graf ist durchdrungen vom Gefühl der Dankbarkeit. Sie haben ihm das Leben gerettet.
UNBEKANNTER. Ist gern geschehen.
LOTTE. Und wollten nicht einmal ein kahles Gott vergelt' es! dafür in Empfang nehmen?
UNBEKANNTER. Nein.
LOTTE. Wirklich, mein Herr, Sie sind grausam. Ich muß Ihnen sagen, daß unser drei Frauenzimmer im Schlosse sind, und daß wir alle drei vor Begierde brennen, zu wissen, wer Sie sind.
UNBEKANNTER *steht auf und geht ab.*
LOTTE. Der Herr ist ein sauertöpfischer Grobian. Ich muß sehen, wie weit ich es mit dem Bedienten bringe.
FRANZ *kehrt ihr den Rücken zu.*
LOTTE. Der Anfang verspricht blutwenig. Guter Freund! warum sieht er mich nicht an?
FRANZ. Weil ich lieber grüne Bäume, als grüne Augen sehe.
LOTTE. Grüne Augen? Verflucht! Wer hat Ihm denn gesagt, daß meine Augen grün sind? Man hat wohl eher Verse auf meine Augen gemacht. Doch an Seinem Beifall ist mir wenig gelegen. Aber wenn Er mich nicht ansehen will, so sprech' Er wenigstens mit mir.
FRANZ. Ich spreche mit keiner Meerkatze.
LOTTE. Hör Er, mein Freund! ich dächte, Er ließe sich an eine Kette legen und wie ein polnischer Bär für Geld sehen. Etwas so Grobes, Ungeschliffenes sieht man nicht alle Tage. Aber Er soll wissen, das ich von gutem Hause bin, und daß meine Erziehung mich dergleichen Sottisen verachten lehrt.
FRANZ. Das freut mich.
LOTTE. Also kurz und gut zur Sache: wer ist Sein Herr?
FRANZ. Ein Mann.
LOTTE. Nun freilich ist er kein Weib; denn sonst wäre er höflicher, und ließe sich auch nicht von einem solchen Grobian bedienen. Aber wie heißt er?
FRANZ. Man nannte ihn nach seinem Vater.
LOTTE. Und der war? –

FRANZ. Verheuratet.
LOTTE *ironisch.* Mit einem Frauenzimmer vermutlich.
FRANZ. Getroffen!
LOTTE. Vielleicht hat er im Duell –
FRANZ. Einen Hasen geschossen.
LOTTE. Oder als falscher Münzer –
FRANZ. Pasteten gebacken.
LOTTE. Oder er ist als Deserteur –
FRANZ. Seinem Mädchen entlaufen.
LOTTE. Oder er ist –
FRANZ. Ein Jesuit.
LOTTE *entrüstet.* Guter Freund! wer Sein Herr ist, werd' ich wohl freilich nicht erfahren, und mags auch nun nicht wissen; aber wer Er ist, das weiß ich.
FRANZ. Nun?
LOTTE. Er ist ein Tölpel.

Sie läuft fort.

FRANZ. Schönen Dank! Wer den Weibern ihren Willen tut, der ist ein homme comme il faut, und wer sich nicht von ihnen zum Narren brauchen läßt, der ist ein Tölpel. Aber sie mögen dich nun bezahlen in dieser oder in jener Münze; du bist immer betrogen.

Dritter Auftritt

Der Unbekannte – Franz.

UNBEKANNTER. Ist das Weib fort?
FRANZ. Ja.
UNBEKANNTER. Franz!
FRANZ. Gnädiger Herr!
UNBEKANNTER. Wir müssen auch fort.
FRANZ. Wohin?
UNBEKANNTER. Das weiß Gott!
FRANZ. Ich folge Ihnen.
UNBEKANNTER. Allenthalben?
FRANZ. In den Tod.

UNBEKANNTER. Wollte der Himmel! Dort ist Ruhe.
FRANZ. Überall ist Ruhe. Mags von außen stürmen, wenn nur das Herz nicht tobt. Und dann ists hier wohl noch immer ebensogut, als in einem andern Winkel der Welt. Die Gegend ist herrlich, die einladende Natur verschwenderisch mit Schönheiten und Früchten.
UNBEKANNTER. Aber ich bin kein fremdes Tier; ich will mich nicht begaffen lassen.
FRANZ. Wie Sie dem Dinge nun wieder eine Deutung geben, nach Ihrer eigenen Manier! Daß ein Mensch, dem man das Leben gerettet hat, einen zum Essen bitten läßt, das find' ich sehr natürlich.
UNBEKANNTER. Aber man soll mich nicht zum Essen bitten.
FRANZ. Sein Sie ruhig! Man wird es schwerlich zum zweiten Male versuchen.
UNBEKANNTER. Die Schranzen! Sie bilden sich ein, der wichtigste Dienst sei vergolten, wenn man einmal das Glück haben darf, mit ihnen zu speisen.
FRANZ. Recht, Herr! Lieber Kartoffeln zu Hause, wo man nicht jeden Bissen mit Schmeicheleien verzollen muß, wo man nicht gezwungen ist, über frostige Späßchen zu lachen, oder den ehrlichen Namen eines Dritten zu zerreißen.
UNBEKANNTER. Wir wollen fort.
FRANZ. Aber Geduld, gnädiger Herr! Vielleicht zerstreut sich das Menschengewühl wieder. Die kommen allzumal aus der Residenz, werden's im Schatten der einfachen Natur bald satt kriegen, finden hier weder Karten noch Hanswürste, wenn sie nicht selbst welche mitgebracht haben. Denn heutzutage hat jeder Narr seinen Hanswurst bei der Hand. Geben Sie acht, Herr, das sind die Drohnen aus dem Bienenstocke des Hofes; die sind ausgeflogen, nicht um hier in der Einsamkeit Honig zu sammeln; nein, um der lieben Mode willen. Wenn der Herbst herbeikommt, fliegen sie alle wieder zurück und treiben dort ihr Wesen.
UNBEKANNTER. Dein Scherz wird bitter.
FRANZ. Was ist Speise ohne Salz?
UNBEKANNTER. Und es läßt sich vermuten, daß, wenn jenes Ziel deines Spottes dir aus den Augen gerückt worden, du deinen Herrn zum Ziele nehmen werdest. Ich kannte dich noch nicht von der Seite.
FRANZ. Schon wieder menschenfeindliches Mißtrauen! Lieber Herr, ich will Ihnen gerne ohne Lohn dienen, aber halten Sie mich für einen ehrlichen Kerl.
UNBEKANNTER. Ohne Lohn? Also läßt dein ehrlicher Name sich taxieren. Ohngefähr so hoch, als dein Lohn?
FRANZ. Nein, das ist zu arg.
UNBEKANNTER. Tu ich dir Unrecht?
FRANZ. Wahrlich.
UNBEKANNTER. Du bist mein einziger Freund.

FRANZ. Der Titel, den Sie mir da geben, macht alles wieder gut.
UNBEKANNTER. Siehst du, Franz? Schimmern dort nicht schon wieder Uniformen und Kopfzeuge die Allee herauf? – Nein, ich muß fort. Hier ist meines Bleibens nicht mehr.
FRANZ. Wohl, ich schnüre mein Bündel.
UNBEKANNTER. Je eher, je lieber. Da muß ich an dem herrlichen Tage mich zwischen vier Mauern sperren, um den Maulaffen aus dem Wege zu gehen. Und ist es wahres Hofgeschmeiß, so sind sie wohl keck genug, sich bis in mein Zimmer zu drängen. *Im Abgehen.* Franz, ich verriegle meine Türe.
FRANZ. Und ich halte Schildwacht von außen.
UNBEKANNTER *ab.*
FRANZ. Wenn die Herrschaften ebenso neugierig sind, als das Kammermädchen, so werd' ich meinen Vorrat von Impertinenz wieder auskramen müssen. Aber sie haben gut fragen und ich habe gut antworten. Von mir werden sie wenig erfahren; denn ich weiß selbst nichts.

Vierter Auftritt

Die Gräfin am Arm des Majors – Franz.

GRÄFIN. Sieh da, ein fremdes Gesicht! Vermutlich der Diener.
MAJOR. Mein Freund, kann man Seinen Herrn nicht sprechen?
FRANZ. Nein.
MAJOR. Nur auf wenige Minuten.
FRANZ. Er hat sich eingeschlossen.
GRÄFIN. Sag Er ihm, daß eine Dame hier auf ihn warte.
FRANZ. Dann macht er gar nicht auf.
GRÄFIN. Haßt er unser Geschlecht?
FRANZ. Er haßt das Menschengeschlecht überhaupt, und das weibliche insbesondere.
GRÄFIN. Warum denn?
FRANZ. Er mag wohl betrogen worden sein.
GRÄFIN. Ei, da ist er aber nicht galant.
FRANZ. Galant ist mein Herr nicht, aber wenn es darauf ankommt, einem Menschen das Leben zu retten, so tut er es mit Gefahr seines eigenen.
MAJOR. Und das ist mehr wert, als kahle Galanterie. Er hat recht. Auch uns führt Galanterie nicht hieher. Die Frau und der Schwager des Geretteten wünschten Seinem Herrn ihre Erkenntlichkeit zu bezeugen.

FRANZ. Er liebt das nicht.
MAJOR. Ein sonderbarer Mann!
FRANZ. Der keinen andern Wunsch hegt, als den, in Ruhe und Friede zu bleiben.
GRÄFIN. Er scheint sich mit dem Schicksal überworfen zu haben.
FRANZ. So scheint es.
GRÄFIN. Vielleicht eine Ehrensache, oder unglückliche Liebe?
FRANZ. Vielleicht.
GRÄFIN. Oder er ist ein Schwärmer?
FRANZ. Kann sein.
GRÄFIN. Dem sei wie ihm wolle, ich wünschte zu wissen, wer er ist.
FRANZ. Ich auch.
GRÄFIN. Wie? Er kennt ihn selbst nicht?
FRANZ. O ihn kenn' ich wohl, das heißt, sein eigentliches Ich, sein Herz, seine Seele; oder glauben Sie, daß man die Menschen kennt, wenn man ihren Namen weiß?
GRÄFIN. Brav! Er gefällt mir, und nun wünschte ich auch Seine Bekanntschaft zu machen. Wer ist Er denn?
FRANZ. Ihr gehorsamer Diener. *Er geht ab.*

Fünfter Auftritt

Die Gräfin – der Major.

GRÄFIN. Bizarrerie! Sucht sonderbar zu scheinen! Jedermann will sich unter seinen Brüdern auszeichnen; der eine umsegelt die Welt, der andere verkriecht sich in eine Hütte.
MAJOR. Und der Diener äfft dem Herrn nach.
GRÄFIN. Komm, Bruder, wir wollen meinen Mann aufsuchen; er ging mit Madam Müller dort über die Wiese.
MAJOR. Vorher ein paar Worte. – Schwester, ich bin verliebt!
GRÄFIN. Zum wievielten Male?
MAJOR. Zum ersten Male in meinem Leben.
GRÄFIN. Gratuliere.
MAJOR. Du bist mir ausgewichen bis jetzt. Wer ist sie? Ich bitte dich, Schwester, sei ernsthaft! Lachen hat seine Zeit.
GRÄFIN. Um aller Grazien willen, du siehst aus, als wolltest du Geister zitieren. Rolle deine wilden Augen nicht so auf mir herum; ich gehorche schon. Ernsthaft also über die närrischste Materie von der Welt, über die Liebe! Wer Madam Müller ist, weiß ich

nicht, das hab' ich dir schon gesagt. Was ich aber sonst noch von ihr weiß, das soll dir unverhohlen bleiben. Es mögen nun ungefähr drei Jahre sein, als man mir eines Abends in der Dämmerung ein fremdes Frauenzimmer meldete, welches mich allein zu sprechen begehre. Ich nahm den Besuch an, und Madam Müller erschien, mit all' dem Anstande, all' der Bescheidenheit, welche auch dich bezaubert haben. Doch trugen ihre Züge damals noch das sichtbare Gepräge der Angst und Verwirrung, welche jetzt in sanfte Melancholie verschmolzen sind. Sie warf sich zu meinen Füßen und bat mich, eine Unglückliche zu retten, die der Verzweifelung nahe sei. Sie versicherte, man habe ihr viel Gutes von mir gesagt, und erbot sich, mir als Kammermädchen zu dienen. Ich forschte vergebens nach der Ursache ihrer Leiden, sie verschleierte ihr Geheimnis, entfaltete aber mit jedem Tage immer mehr und mehr ein Herz, von der Tugend zum Tempel erkoren, und einen Verstand, durch die ausgesuchteste Lektüre gebildet. Ich ließ ab, mich in ihr Vertrauen eindrängen zu wollen; aber sie war nun nicht mehr mein Kammermädchen, sie ward meine Freundin. Als sie mich einst auf einer Spazierfahrt hieher begleitete, und ich in ihren Augen das stille Entzücken las, mit welchem ihre Seele an den Schönheiten der Natur hing, tat ich ihr den Vorschlag, hier zu bleiben, und sich der häuslichen Wirtschaft anzunehmen. Sie ergriff meine Hand, und drückte sie an ihre Lippen mit ungewöhnlichem Feuer. Ihre dankbare Seele schwamm in ihren stummen Tränen. Seitdem ist sie hier, und wirkt unzähliges Gute im verborgenen, und wird angebetet von jedem Geschöpfe, das sich ihr nähert. *Mit einer Verbeugung.* Ich bin fertig, Herr Bruder.

MAJOR. Zu wenig, um meine ganze Wißbegierde zu befriedigen, aber doch genug, um den Vorsatz zur Tat werden zu lassen. – Schwester, steh mir bei! – ich heurate sie.

GRÄFIN. Du?

MAJOR. Ich.

GRÄFIN. Baron von der Horst?

MAJOR. Pfui! – wenn ich dich recht verstehe.

GRÄFIN. Nur nicht gleich so bitter! Die großen, erhabenen Grundsätze von Gleichheit aller Stände, und so weiter, sind herrlich in einem Roman; aber wir leben nun einmal nicht in der Ideenwelt. Der Herr Baron will seine Gemahlin nach Hofe führen, das geht nicht an; er will seine Söhne zu Domherrn machen, das geht nicht an; er will seine Töchter in einem Stift versorgen, das geht wieder nicht an.

MAJOR. Predige mir nicht Gemeinsprüche! Ich dürfte dir nur antworten, daß ich liebe, leidenschaftlich liebe, und du müßtest schweigen; denn die Liebe kehrt sich weder an Domherrn, noch an Stiftsfräulein. Aber ich bin kein brausender Jüngling mehr; du hast einen Mann vor dir, der –

GRÄFIN. Der eine Frau nehmen will.

MAJOR. Nein, der vernünftig und kalt Vorteil gegen Nachteil abgewogen, häusliche Ruhe und Zufriedenheit gegen Glanz des Hofes, Glück des Lebens gegen eitle Konvenienz. Ich kenne die Verhältnisse in der bürgerlichen Gesellschaft; ich kenne und ehre sie. Sie waren einst sehr notwendig, und sind es vielleicht noch. Ich werde nie töricht genug sein, zu verlangen, daß man um meinetwillen auch nur ein Tüttelchen an der wohlhergebrachten Hofetikette ändre, oder ein Quentchen vom uralten Adelswahn fahren lasse. Meine Frau wird also nicht bei Hofe erscheinen; und da fragt sichs nur noch, ob wir dabei gewinnen oder verlieren werden?
GRÄFIN. Darum mußt du den alten Hofmarschall fragen; der kann dir das am besten erklären.
MAJOR. Meine Söhne werden weder Domherrn, noch meine Töchter Stiftsfräulein sein. Das heißt mit andern Worten: meine Söhne werden da nicht ernten, wo sie nicht gesäet haben, und meinen Töchtern – wenn sie die Tugenden ihrer Mutter erben – wird es nie an braven Männern fehlen.
GRÄFIN. Besonders, wenn sie sich nach ihrer Tante bilden.
MAJOR. Ich ziehe aufs Land; ich bin mir selbst genug. Um meine Bauern glücklich zu machen, bedarf ich keines Titels, und mein eignes Glück zu fühlen, lehrt mich mein Herz. Eine Frau, wie diese – einst Vater von Kindern, die ihr gleichen – reich genug, um Wohlstand um mich her zu verbreiten – was will der Mensch mehr? Oder wenn du mich nun auch für ein so gar geselliges Tier hälst, daß ich selbst meiner Frau gegenüber, dann und wann Langeweile empfinden müßte; hab' ich denn nicht Freunde? eine zärtliche, mutwillige Schwester? einen jovialischen Schwager? – oder – wie? – wäre diese Schwägerin der Frau Gräfin vielleicht nicht anständig?
GRÄFIN. Du wirst unartig.
MAJOR. Nun, was hindert denn noch?
GRÄFIN. Das ist alles sehr schön und rührend. Der Plan ist vortrefflich; nur einen kleinen Umstand hast du vergessen.
MAJOR. Der wäre?
GRÄFIN. Ob Madam Müller dich haben will.
MAJOR. Das ist es eben, liebe Schwester, wozu ich deinen Beistand nötig habe. *Sie bei der Hand fassend.* Gute Henriette! du kennst mein Herz, du weißt, daß ich nicht fasele. In französischen Diensten aufgewachsen, unter geschminkten, verbuhlten Weibern, ward euer Geschlecht mir verhaßt. Der Hof bot mir ein ewiges, ekelhaftes Einerlei, und in Privathäusern fand ich, wenns hoch kam, Eheleute, die sich ertrugen, weil sie mußten, und einander liebkosten, weil es nun einmal so Sitte ist. Überall Bilder des Überdrusses und der Reue; überall eitle Weiber und zugrunde gerichtete Männer, törichte Mütter und verzogene Kinder.

GRÄFIN. Ein sauberes Gemälde! aber – nimm mirs nicht übel, – mit Hogarths Pinsel entworfen – Karikatur.
MAJOR. Ach liebe Henriette, auch meine Stunde ist gekommen.
GRÄFIN. Es geschieht dir schon recht. Nur schade, daß du eben an eine sanfte holde Seele geraten bist. Eine Xanthippe hätte den Herrn Bruder an ihren Triumphwagen spannen sollen.
MAJOR. Nur eine solche Seele vermochte dies widerspenstige Herz zu fesseln. Und nun – liebe Henriette – du, mit der ich an einer Brust lag –
GRÄFIN. Um Vergebung! Ich hatte eine Amme.
MAJOR. Grausamer Mutwille!
GRÄFIN. Wunderlicher Mensch! wozu denn stöhnen und seufzen, da sich dir die reizendste Aussicht öffnet? Hier hast du meine Hand! Ohne glänzendes Wortgepränge, ich tue, was ich vermag. St! beinahe wären wir überrascht worden. Sie kommen. Weg mit der Ehestandsfalte. Warte dein Spiel ruhig ab; ich will die Karten schon mischen.

Sechster Auftritt

Eulalia am Arm des Grafen – die Vorigen – zuletzt Peter.

GRAF. Potz Stern! Madam, Sie sind gut zu Fuße. Mit Ihnen mag ein anderer um die Wette laufen.
EULALIA. Die Gewohnheit, Herr Graf. Sie dürfen nur vier Wochen hintereinander alle Tage einen solchen Spaziergang machen.
GRAF. O ja! wenn ich Lust habe, meinen Windhunden ähnlich zu werden.
GRÄFIN. Wo wart ihr? Wir suchten euch.
GRAF. Wo wir waren? Ja sieh nur, mein Schatz! wenn man mit Madam Müller geht, so weiß man nicht so eigentlich, wo man ist.
EULALIA. Ich führte den Herrn Grafen auf jenen Hügel, von dessen Spitze man das ganze Tal und den Fluß, der sich unten im Tale schlängelt, übersehen kann.
GRAF. Ja, ja, die Aussicht ist schön, und so neben Madam Müller zu stehen, und zuzuhören, wie sie die Reize der Schöpfung ein wenig dichterisch und schwärmerisch beschreibt, das ist noch schöner; aber nehmen Sie mir's nicht übel! mich kriegen Sie doch nicht wieder hinauf. Meine Füße sind klagbar geworden, und haben wahrlich die gerechteste Sache von der Welt.
MAJOR. So lassen Sie uns nach Hause gehen. Ein wohlgepolsterter Sofa ladet Sie ein.
GRAF. Der bloße Gedanke ist erquickend. Aber ich bin so müde und so durstig, daß ich durchaus erst Rasttag halten, und meinen trockenen Gaumen durch eine Libation

auf seinem Grund und Boden aussöhnen muß. Wie wär's, Herr Schwager, wenn wir uns dort in die Laube ein paar Pfeifen und eine Bouteille englisch Öl bringen ließen?
GRÄFIN. Tut das! Wir Weiber laufen indessen noch ein wenig herum.

Sie gibt ihrem Bruder einen Wink.

MAJOR *zum Grafen.* Ich bin von der Partie.
GRAF. Schön! Heda! – Verdammt! nun haben wir niemand zu schicken. Ich kann es vor den Henker nicht leiden, wenn auf Spaziergängen immer ein großer Maulaffe hinter mir hertritt; aber diesmal wäre mir's doch lieb, wenn ich einen Bedienten mitgenommen hätte. *Allenthalben in die Ferne schauend.* Seht doch, ist das nicht Peter, der dort unten am Wege den Birnbaum schüttelt? Ja, er ist's. Peter! He! Peter!
PETER *von weitem.* He! holla! he!
GRAF. Hieher! Friß auf ein andermal mehr!
PETER *kommt.* Da bin ich schon.
GRAF. Spring geschwind aufs Schloß, und hole Pfeifen für uns und eine Flasche englisch Öl. Gestopfte Pfeifen für uns; hörst du?
PETER. Gestopfte Pfeifen für uns; ich höre.

Ab.

GRAF. Kommen Sie, Herr Schwager, wir wollen uns indessen einen Lagerplatz aussuchen. Die Damen scheinen nicht Lust zu haben, uns zu folgen. Ihre feinen Nasen können den Tabaksdampf nicht vertragen. *Ab.*

Major folgt ihm, nachdem er noch einige verstohlne Winke mit seiner Schwester gewechselt.

Siebenter Auftritt

Die Gräfin – Eulalia.

GRÄFIN. Nun, liebe Madam Müller, wie gefällt Ihnen der Mann, der eben von uns ging?
EULALIA. Wer?
GRÄFIN. Meine brüderliche Liebe.
EULALIA. Er verdient, Ihr Bruder zu sein.

GRÄFIN *verneigt sich tief.* Untertänige Dienerin! Das schreib ich in mein Taschenbuch.
EULALIA. Ohne Schmeichelei, gnädige Frau, ich halte ihn für einen wackern Mann.
GRÄFIN. Und für einen schönen Mann.
EULALIA *gleichgültig.* O ja.
GRÄFIN. O ja? Das klang beinahe wie: o nein! Aber ich muß Ihnen sagen, daß er Sie für eine schöne Frau hält. *Eulalia lächelt.* Sie sagen nichts dazu?
EULALIA. Was soll ich sagen? Spott kann nicht aus Ihrem Munde kommen; also Scherz war es; und ich bin sowenig dazu gemacht, einen Scherz zu unterhalten. –
GRÄFIN. Ebensowenig, als ihn zu veranlassen. Nein, es war Ernst. – Nun?
EULALIA. Sie setzen mich in Verlegenheit. Nun ja, ich will mich nicht zieren. Es war eine Zeit, wo ich mich selbst für schön hielt; aber der Kummer hat an meiner Gestalt genagt. – Ach! die Herzensruhe ist es, die den schönsten Zauber über ein weibliches Gesicht gießt. Der Blick, der brave Männer fesselt, ist nur der Abglanz einer schönen Seele.
GRÄFIN. Nun, Gott gebe mir immer ein so reines Herz, als aus Ihren Augen leuchtet.
EULALIA *wild und rasch.* Ach! Gott behüte Sie dafür.
GRÄFIN *erstaunend.* Wie?
EULALIA *mit verhaltenen Tränen.* Verschonen Sie mich! – Ich bin eine Unglückliche. – Dreijährige Leiden geben mir zwar keine Ansprüche auf Freundschaft einer edlen Seele, – aber auf Mitleid! – Verschonen sie mich! *Sie will gehen.*
GRÄFIN *sehr liebreich.* Bleiben Sie, liebe Madam Müller! Wirklich, Sie müssen bleiben. Was ich Ihnen zu sagen habe, ist vielleicht des Anhörens wert. Ihre Selbstanklage schreckt mich nicht ab. Mich dünkt, Sie sehen, wie der gute Pascal, neben Ihrem Stuhl eine Hölle; aber die Teufelchen existieren nur in Ihrer Einbildung.
EULALIA. Wollte Gott, ich sähe die Hölle nur neben meinem Sessel! – Ach! ich trage sie rastlos im Herzen mit mir herum.
GRÄFIN. Freundschaft hat Balsam für manche Wunde. Ich bitte zum ersten Male um Ihr Vertrauen. Sie wissen, ob ich in diesen drei Jahren unserer Bekanntschaft Ihnen je durch unbefugte Neugier lästig wurde. Heute treibt mich ein edleres Interesse. Ich bitte mit Schwesterliebe um Ihr Vertrauen. Mein Bruder liebt Sie.
EULALIA *fährt zusammen, und sieht der Gräfin ernsthaft ins Gesicht.* Für Scherz zu viel – für Ernst zu traurig!
GRÄFIN. Ehe ich weiter in Sie dringe, erlauben Sie mir, Ihnen den Charakter meines Bruders zu schildern, und ich gebe Ihnen mein Wort: nicht die Hand der Schwester soll den Pinsel führen. – Sie möchten ihn leicht für einen Leichtsinnigen halten; denn sah' er Sie nicht heute zum ersten Male? und schon Liebe? – Aber, liebe Freundin! er ist ein ernster Mann, von geprüften Grundsätzen. Schon zählten ihn die Damen unsers Hofs unter die Klasse der Hagestolze; denn unter ihnen fand er nicht, was er suchte;

verzweifelte oft daran, es je zu finden. Nicht Gestalt, nicht Reichtum und Rang sollten seine Wahl bestimmen; er wollte ein Herz, von der Natur, einen Geist, durch Erziehung gebildet. Von beiden gaben Sie ihm Proben. Ihre geheime Wohltätigkeit blieb unverborgen, und Ihr Verstand – ich ehre diese bescheidene Schamröte – genug, mein Bruder ist ein Kenner in diesem Punkt. – Hier haben Sie mein Kreditiv. Entscheiden Sie, ob ich berechtigt bin, um Ihr Zutrauen zu bitten. Entdecken Sie sich mir! Sie wagen nichts. Schütten Sie Ihren Kummer in den verschwiegenen Busen einer Schwester aus!
EULALIA. Ach! ich fühl' es: das höchste Opfer, welches wahre Reue zu bringen vermag, ist freiwilliger Verzicht auf die Hochachtung einer schönen Seele. Ich will dieses Opfer bringen – und hab' ich dann genug gebüßt? *Stockend.* Hörten Sie nie – verzeihen Sie mir! – hörten Sie nie – o, es ist sehr schwer, eine Täuschung zu zerstören, welcher allein ich bis jetzt ihre Güte verdankte. – Aber es muß sein; – Pfui Eulalia! Ziemt Stolz dir? – Hörten Sie nie von einer gewissen Baronesse Meinau reden?
GRÄFIN. Am benachbarten Hofe? Mich dünkt, ich hörte von einer solchen Kreatur. Sie soll einen sehr braven Mann höchst elend gemacht haben.
EULALIA. O Gott! – Ja, einen sehr braven Mann.
GRÄFIN. Sie lief mit einem Landstreicher davon.
EULALIA. Ja, das tat sie. – – *Sie stürzt außer sich zu den Füßen der Gräfin.* Verstoßen Sie mich nicht! – Nur ein Plätzchen, auf welchem ich sterben kann! –
GRÄFIN. Um Gottes willen! Sie sind –
EULALIA. Ich bin diese Kreatur.
GRÄFIN *sich unwillig wegwendend.* Ha! *Sie geht einige Schritte, ihr Herz zieht sie zurück.* – Aber sie ist unglücklich – sie büßt streng – weg mit dem Kopfe, der immer bereit ist, ein Verdammungsurteil zu sprechen! – *Sie blickt wehmütig nach ihr.* Ach! sie ist so unglücklich! – Stehn Sie auf! ich bitte Sie, stehn Sie auf! Mein Mann und mein Bruder sind nicht weit. Diese Szene leidet keine Zeugen. Ich gelobe Ihnen Verschwiegenheit. *Sie hebt sie auf.*
EULALIA. Ach mein Gewissen! mein Gewissen! das wird nie schweigen. *Mit beiden Händen die Hand der Gräfin ergreifend.* Verstoßen Sie mich nicht!
GRÄFIN. Nein, ich verstoße Sie nicht. Ihr Betragen in den letzten drei Jahren, Ihr stiller Kummer, Ihre Reue, tilgen freilich nicht Ihr Verbrechen; aber eine Freistatt wird mein Herz Ihnen nie versagen; eine Freistatt, wo Sie ungestört um den Verlust Ihres Gemahls weinen dürfen. – Ach! ich fürchte, ein unersetzlicher Verlust!
EULALIA *mit der Kälte der Verzweiflung.* Unersetzlich!
GRÄFIN. Armes Weib!
EULALIA *immer im nämlichen Ton.* Ich hatte auch Kinder.
GRÄFIN. Genug!
EULALIA. Gott weiß, ob sie leben oder tot sind.

GRÄFIN. Arme Mutter!
EULALIA. Ich hatte einen liebenswürdigen Gemahl.
GRÄFIN. Fassen Sie sich!
EULALIA. Gott weiß, ob er lebt oder tot ist.
GRÄFIN. Ihr Blick wird gräßlich.
EULALIA. Für mich ist er tot.
GRÄFIN. Sie büßt strenge.
EULALIA. Ich hatte einen alten Vater.
GRÄFIN. O, um Gottes willen! Hören Sie auf!
EULALIA. Der Gram um mich hat ihn gemordet.
GRÄFIN. Wie schrecklich rächt sich die beleidigte Tugend!
EULALIA *endlich in laute Tränen ausbrechend, und mit den Händen ihr Gesicht verhüllend.* Und ich lebe noch!
GRÄFIN. Wer könnte diese Büßende hassen? *Eulalien in ihre Arme schließend.* Nein, Sie sind nicht lasterhaft. Der Augenblick Ihrer Verirrung war ein Traum, ein Rausch, ein Wahnsinn.
EULALIA. O verschonen Sie mich! Wenn Sie wüßten, daß jede Milderung meiner Verbrechen mir ein Dolchstich ist – daß mein Gewissen nie mich heftiger martert, als wenn mein Kopf nach Entschuldigungen grübelt. – Nein, ich kann mich mit gar nichts entschuldigen! und die einzige, traurige Beruhigung meines Herzens ist die, mich ohne alle Einschränkung strafbar zu bekennen.
GRÄFIN. Dieser Zug ist echte Reue.
EULALIA. O wenn Sie ihn gekannt hätten! – als ich ihn zum ersten Male sah, den schönen, den edlen Mann – ich war damals kaum vierzehn Jahr alt –
GRÄFIN. Und Ihre Verbindung?
EULALIA. Wenig Monden nachher.
GRÄFIN. Und Ihre Flucht?
EULALIA. Zwei Jahre war ich seine Gattin.
GRÄFIN. O meine Liebe! dann lassen Sie Ihre Jugend büßen, was nicht Ihr Herz verbrach.
EULALIA. Das ist die Sprache meines Kopfes in Stunden, wo Sehnsucht und Liebe den Sieg über die Reue davontragen. – Nein, meine Jugend entschuldigt mich nicht. *Den Blick gen Himmel.* Alter, ehrwürdiger Vater! Das hieße dich anklagen! Du hattest mir Grundsätze der Ehre und Tugend ins Herz gepflanzt. Du hattest mich gewarnt vor dem Gift der Schmeichelei und Verführung. –
GRÄFIN. Was vermag Erziehung gegen einen Lovelace?
EULALIA. Ach! Sie stoßen da auf eine Unbegreiflichkeit in meiner Geschichte. Nein, er war kein Lovelace, dieser Mensch, in jeder Rücksicht tief, tief unter meinem Gemahl.

Nur daß dieser nicht mehr tändelte, nicht mehr jeder meiner Launen und Grillen schmeichelte, mir neue Equipagen, Livreen und Schmuck versagte, wenn der Aufwand unsre Kräfte überstieg. Alles das bot mir des Verführers Schlangenzunge, und ich war Kind genug, mich an den bunten Bildern zu ergötzen; war verblendet genug, Kinder, Vater und Gemahl zu verlassen, um einem Nichtswürdigen zu folgen, der – doch genug! er steht nun vor Gott, wo meine gemordete Tugend das Maß seiner Bubenstücke bis an den Rand füllen wird.

GRÄFIN. Schrecklich! aber mit diesem Herzen konnte meine Freundin nicht lange irren.

EULALIA. Lange genug, um nie es büßen zu können. Freilich verflog der Rausch in wenig Wochen; ich rief den Namen meines biedern Gatten – vergebens! – ich horchte auf das Lallen meiner Kinder – umsonst! Ach! was ich damals empfand, als der Nebel vor meinen Augen zerfloß! –

GRÄFIN. Weg mit dieser Rückerinnerung! – Ich errate das Ende Ihrer Geschichte. Sie verließen Ihren Verführer.

EULALIA. Das tat ich – und flüchtete zu einer edlen Seele, die mir ein Plätzchen gab, auf dem ich weinen darf – und mir auch ein Plätzchen geben wird, auf dem ich sterben könne.

GRÄFIN *sie in ihre Arme schließend*. Hier, nur hier an meinem Busen sollen in Zukunft Ihre Tränen fließen, und möcht' es mir gelingen, dich, arme Leidende! wieder mit der Hoffnung vertraut zu machen!

EULALIA. Ach nein! ach nein!

GRÄFIN. Hörten Sie seitdem gar nichts von Ihrem Gemahl?

EULALIA. Er verließ die Stadt, niemand weiß wohin.

GRÄFIN. Und Ihre Kinder?

EULALIA. Die nahm er mit sich.

GRÄFIN. Wir müssen Erkundigungen einziehen; wir müssen – Stille! mein Mann und mein Bruder. Ach! mein armer Bruder; den hatt' ich ganz vergessen. – Geschwind, liebe Madam Müller, ein anderes Gesicht!

Achter Auftritt

Der Graf – der Major – etwas nachher Peter – alle drei Tobak rauchend – die Vorigen.
Peter bleibt ein wenig im Hintergrund stehen.

GRAF. Frisch, Kinder! ich wittre Abendluft. Wir müssen nach Hause.

GRÄFIN. Es ist ja kaum sechs Uhr.

GRAF. Nun, so ist's Zeit, Tee zu trinken. Und meint Ihr denn, ob ich gleich Soldat war, daß ich heute noch nicht genug Strapazen ausgestanden? Erst die Reise, dann das kalte Bad, dann der forcierte Marsch unter Kommando der Madam Müller.
GRÄFIN. Wohlan, wir sind bereit.
GRAF. Da, Peter, bring' die Pfeifen zurück. – Was zum Henker! Du rauchst ja gar selbst?
PETER. Ja freilich rauch ich selbst. Es wird mir sauer genug.
GRAF. Wer Teufel hat dir's geheißen?
PETER. Die Exzellenz hat mir's geheißen.
GRAF. Ich?
PETER. Ja; sagten Sie nicht, ich sollte Pfeifen holen für uns?
GRAF. Für mich und den Major.
PETER. Nun, ich stand ja auch dabei.
GRAF. Bursche, du bist ein Eulenspiegel. – Vorwärts! Marsch! – Apropos! Wie ist's mit dem Fremden? Wird er kommen?
GRÄFIN. Nein. Er hat es der Lotte rund abgeschlagen.
GRAF. Ein wunderlicher Heiliger! Aber das geht doch nicht an; ich muß ihm doch meine Dankbarkeit auf irgendeine Art an den Tag legen. – Wissen Sie was, lieber Major, ich kann Ihnen nicht helfen; führen Sie meine Frau nach Hause, und kommen Sie dann zurück, ihn selbst zu holen.
MAJOR. Wenn Ihnen ein Gefallen dadurch geschieht, recht gern.
GRAF. Ich muß dem Manne doch einen Bissen Brot vorsetzen. *Er gibt Eulalien den Arm, der Major der Gräfin. Sie gehen ab.*

Neunter Auftritt

PETER *allein. Seine Pfeife unwillig wegwerfend.* Nun, da will ich doch jeden vernünftigen Christenmenschen zum Schiedsrichter nehmen! wenn ihrer drei beisammen stehn, und die Exzellenz spricht: »hol Pfeifen für uns«, ob ich nicht auch mit unter die uns gehöre? Daß ich auch so ein gutherziger Narr war! Ich habe in meinem Leben noch nicht geraucht, und tue es da der Exzellenz zu Gefallen. Pfui! das Zeug schmeckt abscheulich; es ist mir ganz übel darnach geworden. *Ab.*

Ende des dritten Aufzugs.

Vierter Aufzug

Erster Auftritt

Franz tritt auf mit einem Stück Brot und Käse in der Hand, wovon er sich dann und wann einen Bissen herunterschneidet. Gleich darauf der Major.

FRANZ. Als ich noch in der Stadt auf'm Kaffeehause diente, da war ich ein lockerer Geselle; Karten und Würfel mein Zeitvertreib vom Abend bis an den Morgen; Braten und Wein zu jeder Stunde, wenn es mir beliebte den Speiseschrank heimzusuchen. Und doch schmeckte mir kein Bissen! Dem Braten fehlte das Salz der innern Zufriedenheit, dem Wein mangelte das Zuckerbrot eines guten Gewissens. – Wie anders, seit ich diesem Herrn diene! Ich habe heute nichts Böses getan; ich habe mein Tagewerk redlich vollbracht. Du guter Käse! du schwarzes Brot! vortrefflich schmeckt ihr mir! *Er erblickt den Major in der Ferne.* Pfui, daß ich schon wieder gestört werde. Ich dachte mein Abendbrot unter freiem Himmel zu verzehren; aber sie sind wie die Spürhunde hinter uns drein. *Er will gehen.*
MAJOR. Pst! guter Freund!
FRANZ *für sich.* Lieber Gott! welch eine Mäkelei die Menschen treiben mit dem Titel: guter Freund.
MAJOR. Ich muß Seinen Herrn sprechen.
FRANZ. Kann nicht dienen.
MAJOR. Warum nicht?
FRANZ. Ist mir verboten worden.
MAJOR *will ihm Geld in die Hand stecken.* Da! melde Er mich.
FRANZ. Brauche kein Geld.
MAJOR. Nun, so melde Er mich nur.
FRANZ. Ich will Sie melden, gnädiger Herr; aber was kann das helfen? ich werde ausgescholten, und Sie bekommen eine abschlägige Antwort.
MAJOR. Wer weiß? Sag' Er ihm, ich bäte nur um eine einzige Minute; ich wollte ihm auf keine Weise beschwerlich fallen; kurz, sag Er ihm alles, was man bei dergleichen Gelegenheiten zu sagen pflegt. Wenn Sein Herr ein Mann von Erziehung ist, so wird er mich nicht hier unter freiem Himmel vergebens auf sich warten lassen.
FRANZ. Nun, in Gottes Namen, wir wollens versuchen.

Geht.

MAJOR *ruft ihm nach.* Hört Er? nur um eine halbe Minute laß ich bitten.
FRANZ. Schon gut.

Ab.

MAJOR. Aber wenn er nun kommt; wie soll ich ihn behandeln? Ein Menschenfeind ist mir im Laufe meines Lebens noch nicht vorgekommen. Knigge hat ein schönes Buch über den Umgang mit Menschen geschrieben; aber wie man mit einem solchen Geschöpf umgehen soll, dem die ganze Welt und sein eigenes Ich zur Last geworden, darüber hat er Vorschriften zu erteilen vergessen. Wohlan! auf gut Glück! Ein offenes, freundliches Gesicht, nicht zu blöde, nicht zu dreist, damit kommt man so ziemlich bei jedermann fort.

Zweiter Auftritt

Der Unbekannte – der Major.

UNBEKANNTER. Was steht zu Befehl?
MAJOR. Verzeihen Sie, mein Herr – *Ihn plötzlich erkennend.* Meinau!
UNBEKANNTER. Horst!

Sie stürzen sich in die Arme.

MAJOR. Bist du es wirklich, alter Freund?
UNBEKANNTER. Ich bins.
MAJOR. Mein Gott, wie hat der Gram dich entstellt!
UNBEKANNTER. Die Hand des Unglücks liegt schwer auf mir. – Stille! – Wie kommst du hieher? was willst du?
MAJOR. Wunderlich! Ich stehe hier und sinne, wie ich den einsiedlerischen Fremden anreden, was ich ihm sagen soll – er erscheint – und siehe da, ich finde meinen braven Meinau.
UNBEKANNTER. Du hast mich also nicht erforscht? Du wußtest nicht, daß ich der Bewohner dieser Hütte sei?
MAJOR. Sowenig, als ich weiß, wer auf der Spitze des Kaukasus wohnt. Du hast diesen Morgen meinem Schwager das Leben gerettet; eine dankbare Familie wünschte dich in ihrer Mitte zu sehen; du schlugst es dem Kammermädchen meiner Schwester ab, und um der Einladung mehr Gewicht zu geben, sandte man mich selbst. Siehe da das

Vehikel, dessen sich der Zufall bedient hat, mir den Freund wieder zu schenken, dessen mein Herz so lange entbehrt, und dessen es gerade in diesem Augenblick so sehr bedarf.
UNBEKANNTER. Ja, ich bin dein Freund, dein wahrer Freund. Du bist ein guter Mensch, ein seltner Mensch. Mein Herz ist unverändert gegen dich. Ist aber diese Versicherung dir lieb und wert – so – Horst! – so verlaß mich und komme nie wieder zu mir.
MAJOR. Alles, was ich von dir sehe, alles, was ich von dir höre, ist mir ein Rätsel. Du bist es, dein Gesicht schwebt vor mir, aber das sind nicht die Züge, welche einst unsere französischen Mädchen bezauberten, Freude in jede Versammlung brachten, dir Freunde erwarben, ehe du noch den Mund auftatest.
UNBEKANNTER. Du vergissest, daß ich sieben Jahre älter geworden bin.
MAJOR. Freilich, dann bist du ein paar Jahre über dreißig. – Warum vermeidest du mich anzusehn? ist Freundesantlitz dir zuwider geworden? oder bist du scheu, dein Auge zum Spiegel deiner Seele zu machen? Wo ist der offene Feuerblick, der sonst in aller Herzen las?
UNBEKANNTER bitter. Mein Blick las in aller Herzen? Ha! ha! ha!
MAJOR. O Gott! lieber hätt' ich gewünscht, dich nie lachen zu hören, als in diesem Tone. – Freund, was ist dir widerfahren?
UNBEKANNTER. Alltägliche Dinge – der Welt Lauf – Begebenheiten, wie man sie auf allen Straßen hört. – Horst! wenn ich dich nicht hassen soll, so verschone mich mit Fragen; und wenn ich dich lieben soll, so verlaß mich!
MAJOR. Pfui, wie das Schicksal einen Menschen verhunzen kann! Ich bitte dich, wecke die schlummernden Ideen von Freuden der Vergangenheit, daß dein Herz wieder warm werde, und fühle, daß ein Freund ihm nahe ist. Erinnere dich unserer froh durchlebten Tage im Elsaß, nicht jener tollen Schwärmereien im lärmenden Gewühl unserer Kriegskameraden; nein, jener heitern sanften Stunden, wo wir uns von allem, was uns umgab, losrissen, wo wir einsam wandelten, Arm in Arm, auf den Wällen von Straßburg, oder am Ufer des Rheins, wo die Schönheiten der Natur unsere Herzen öffneten, und sie für Wohlwollen und Freundschaft empfänglich machten. In jenen seligen Augenblicken ward der Bund geknüpft, der unsere Seelen aneinander kettete; in einem jener seligen Augenblicke gabst du mir diesen Ring zum Pfande deiner Liebe. Erinnerst du dich dessen noch?
UNBEKANNTER. O ja.
MAJOR. Bin ich seitdem deines Vertrauens unwert geworden?
UNBEKANNTER. Nein, nein.
MAJOR. Waren wir je bloße Alltagsfreunde, durch Laune, Zufall und Lustbarkeiten aneinander geknüpft? Haben wir uns nur in bunten Zirkeln miteinander herumgetrieben? oder haben wir auch dem Tode unter den Batterien von Gibraltar,

Hand in Hand, getrotzt? – Karl! es tut mir weh, daß ich meine Rechte auf dich so geltend machen muß. – Kennst du diese Narbe?
UNBEKANNTER. Bruder! Es war der Hieb, der mir den Kopf spalten sollte. Ich hab' es nicht vergessen. Ach! du wußtest freilich nicht, welch ein elendes Geschenk du mir machtest.
MAJOR. So rede, ich bitte dich!
UNBEKANNTER. Du kannst mir doch nicht helfen.
MAJOR. So kann ich mit dir trauren.
UNBEKANNTER. Pfui, das mag ich nicht. Auch hab' ich selbst schon lange keine Tränen mehr.
MAJOR. So gib mir Worte statt Tränen; beide erleichtern das Herz.
UNBEKANNTER. Das meinige ist gleich einem lange verschlossenen Grabe. Laß faulen und verwesen, was dort verscharrt wurde! Warum es öffnen und die Luft umher verpesten?
MAJOR. Lüften wollen wirs und reinigen, damit das ganze Gebäude ein anderes Ansehen gewinne. – Wie du aussiehst! Schäme dich! Ein Mann von deinem Kopfe, von deinen Talenten; ein Mann wie du, der immer die Weltweisheit praktisch übte; und sich so unter dem Pantoffel des Schicksals zu beugen! – Bist du von Schurken verfolgt und von Buben geneckt worden, so mag es hingehn; hast du jahrelang in Ketten gesessen, so will ich dir verzeihen.
UNBEKANNTER. Horst, du tust mir unrecht. Zwar glaubt' ich, es sei mir gleichgültig geworden, was irgendein Mensch in der Welt von mir denken mag; aber ich fühle in diesem Augenblicke, es ist nicht ganz so. Der Freund soll den abgeschiedenen Schatten des Freundes nicht verlassen, ohne zu erfahren, wie die Hand des Schicksals ihn für jede Freude des Lebens mordete. – Wohlan! – Ja, in ein paar Worte läßt sich viel Unglück fassen. – Bruder! ich verließ dich und die französischen Dienste; von jenem Augenblicke an floh mich das Glück. Mir winkte mein Vaterland. Was träumt' ich mir nicht für süße Bilder, wie ich da leben und wirken wollte, manchen alten Schlendrian verbessern, manche Torheit, die sich in hundertjährigen Nebel hüllt, zuschanden machen. O wem seine Ruhe lieb ist, der wage sie nicht an die Torheiten der Menschen! Ich wurde verfolgt, geneckt, für einen gefährlichen Menschen ausgeschrien. »Witz hat er«, so sprach man überall, »aber ein böses Herz«. Das ärgerte mich. Ich schwieg, tadelte nichts mehr, lobte alles, buhlte um das Zutrauen der Menschen – vergebens! Sie konnten mir's nie vergessen, daß ich einst hatte klüger sein wollen, als sie. Ich zog mich in mich selbst zurück, war mir selbst genug, und lebte einsam mitten in der Residenz. Man hatte mich zum Obristleutenant gemacht; denn man wollte mein Vermögen gerne im Lande behalten. Ich versah meinen Dienst mit Pünktlichkeit und Eifer, ohne emporzustreben, ohne Auszeichnung zu begehren. Mein Obrister starb; es

gab eine Menge Obristlieutenants, die weit längere Zeit gedient hatten, als ich. Ich erwartete einen von diesen befördert zu sehen, und das ließ ich mir gern gefallen. Aber siehe da, der Fürst hatte eine Mätresse, und diese hatte einen Vetter, einen albernen eingebildeten Laffen, der seit sechs Monaten die Uniform trug; der wurde mein Obrister. Es versteht sich, daß ich den Abschied foderte und erhielt. – Einige Spöttereien über den Einfluß der Dame machten mich zum Gefangenen auf der Festung. Da saß ich ein halbes Jahr und kauete an den Nägeln. Man gab mir meine Freiheit. Ich raffte mein Vermögen zusammen und ging aus dem Lande. Mit Menschenkenntnis gewaffnet – so bildete ich mir ein – sollte es mir nun leicht werden, mit und unter den Menschen fortzukommen. Ich wählte Kassel zu meinem Aufenthalte. Alles ging vortrefflich. Ich fand Freunde, die mir liebkoseten, mich verhätschelten, mir mein Geld abborgten und meinen Wein austranken. Endlich fand ich auch ein Weib, ein schuldloses, herrliches Geschöpf, von kaum funfzehn Jahren. O wie liebt ich sie! ja, damals war ich glücklich! Sie gebahr mir einen Sohn und eine Tochter; beide hatte die Natur mit der Schönheit ihrer Mutter gestempelt. O wie liebt' ich mein Weib und meine Kinder! ja, damals war ich recht glücklich! *Er wischt sich die Augen.* Siehe da, noch eine Träne; hätt' ichs doch kaum gedacht. Willkommen, ihr alten Freunde! wir haben uns lange nicht gesehen. – Nun, Bruder, meine Geschichte ist gleich zu Ende. Der eine meiner Freunde, den ich für einen ehrlichen Kerl hielt, betrog mich um mein halbes Vermögen. Ich verschmerzte das, ich schränkte mich ein; Zufriedenheit bedarf wenig. Da kam wieder ein anderer Freund, ein Jüngling, an dem ich Behagen gefunden, den ich mit meinem Gelde unterstützt, dem ich durch mein Ansehen emporgeholfen, der verführte mir mein Weib – und lief mit ihr davon! – Ist dir das genug, um mir meinen Menschenhaß, meine Abgeschiedenheit von der Welt zu verzeihen? – Bin ich etwa ein Phantast, der Verfolgung ahndete, wo niemand an ihn dachte? Oder bin ich bloß ein Opfer der Gewalt eines einzelnen? Wollte Gott! Ein König kann nur in Fesseln schmieden, oder töten: ach! was sind Fesseln und Tod gegen die Untreue eines geliebten Weibes?
MAJOR. Das deiner unwert war. Pfui, Meinau! Daß ein Mann sich um ein gutes Weib quälen kann, – ist schon eine Torheit; aber um ein untreues Weib auch nur eine Träne vergießen, ist Raserei.
UNBEKANNTER. Nenn es wie du willst, sprich was du willst, das Herz kehrt sich an kein Vernunftgeschwätz. Ach! ich liebe sie noch.
MAJOR. Und wo ist sie?
UNBEKANNTER. Das weiß ich nicht, verlang' es auch nicht zu wissen.
MAJOR. Und deine Kinder?
UNBEKANNTER. Die ließ ich in einem Landstädtchen nicht weit von hier bei einer Bürgerswitwe, die mir ehrlich genug schien, weil sie dumm genug war.

MAJOR. Schon wieder ein menschenfeindlicher Seitenhieb! Doch warum behieltest du deine Kinder nicht bei dir? Sie würden dir manche schwermütige Stunde weggegaukelt haben.
UNBEKANNTER. Daß die Ähnlichkeit mit ihrer Mutter mir täglich das Bild entflohener Freuden zurückgerufen hätte? Nein! ich habe sie in drei Jahren nicht gesehen. Ich mag keinen Menschen um mich haben, weder Kind noch Greis; das Kind ist ein werdender Bösewicht, und der Greis ein vollendeter Schurke! Wahrlich! hätte unsere vornehme Erziehung mir nicht einen Bedienten zum Bedürfnis gemacht; ich würde den meinigen längst weggejagt haben, ob er gleich nicht der schlechteste unter den schlechten ist.
MAJOR. Das kommt dabei heraus, wenn man eine Frau von unsern sogenannten guten Familien heuratet; die beobachten von Jugend auf in ihren Ehestandsbegriffen die late Observanz. Drum, Meinau, siehst du mich entschlossen, ein Weib aus dem Bürgerstande zu heuraten.
UNBEKANNTER. Du heuraten? Ha! ha! ha!
MAJOR. Du sollst sie sehn. Komm mit mir! Meine Familie erwartet dich mit Sehnsucht.
UNBEKANNTER. Ich mich wieder unter Menschen herumtreiben! Hab' ich mich noch nicht bestimmt genug erklärt?
MAJOR. Das hast du freilich. Aber ich erkläre dir hiemit feierlich, daß du alle Zartheit der Empfindung beleidigen würdest, wenn du nicht wenigstens diesen Abend kämest, eine Suppe bei meinem Schwager zu essen. Jemand eine Wohltat erzeigen und keinen Dank fodern, ist edel und schön; aber diesem Dank so geflissentlich ausweichen, daß die Wohltat dem andern zur Last wird, ist Affektation.
UNBEKANNTER. Gilt das mir?
MAJOR. Ich will gern glauben, daß es nicht dein Fall ist; denn ich kenne dich besser: aber ich bitte dich, was sollen die Meinigen von dir denken? Es gibt schöne Dinge in der Welt, die man nicht zu weit treiben darf; Dinge, die anfänglich Bewunderung erregen, hinterdrein Verdruß, und am Ende eine Art von bittrer Gleichgültigkeit.
UNBEKANNTER. Bruder, es gibt auch Dinge in der Welt, die sich besser predigen, als befolgen lassen. Wenn du wüßtest, wie mich jedes fremde Menschengesicht anekelt, wie ich lieber auf Millionen Nadeln sitzen möchte, als auf einem gepolsterten Stuhle in euren eleganten Zirkeln; wie mir das auf den ganzen Tag meine beste Laune verdirbt, wenn ich nur von ferne einen Menschen auf mich zukommen sehe, dem ich nicht mehr ausweichen kann, und vor dem ich also meinen Hut ziehen muß. – O laß mich! laß mich in Ruhe! – Jeder Mensch sucht um sich her sich einen eigenen Zirkel zu bilden, dessen Mittelpunkt er selbst ist; so ich den meinigen. Solange noch eine Vogelkehle in diesem Walde ist, welche die Morgensonne begrüßt, solange wird mir's an Gesellschaft nicht fehlen.

MAJOR. Tu morgen und übermorgen, was dir gefällt; aber leere heute ein Glas Wein mit mir.
UNBEKANNTER *fest.* Nein! Nein!
MAJOR. Auch dann nicht, wenn du vielleicht imstande wärest, durch diesen einzigen Besuch das Glück deines Freundes zu gründen?
UNBEKANNTER *stutzend.* Dann – ja! Aber laß hören!
MAJOR. Du sollst mein Freiwerber sein bei Madam Müller.
UNBEKANNTER. Ich? – Guter Horst! wenn ich auch einst Talente zu solch einem Auftrage hatte, so sind sie schon lange verrostet.
MAJOR. Nicht doch. Sieh, Bruder, ich liebe ernstlich, und meine Liebe ist eine Frucht der Hochachtung. Sie ist ein herrliches Weib! Und wenn ich so vor ihr stehe; von allem kann ich mit ihr schwatzen, nur nicht von meiner Liebe. Denn sie hat da einen Blick in ihrer Gewalt – einen Blick, der die Zunge fesselt. Zwar hatte meine Schwester übernommen – aber das frommt nicht; ihr Lob klingt parteiisch. Du hingegen – einem so sauertöpfischen Gesicht, wie das deinige, glaubt man am ersten. Bruder, wenn du meine paar guten Eigenschaften ein wenig gegen sie herausstreichest –
UNBEKANNTER. Sieh da, wieder ein Mensch, der betrügen will.
MAJOR. Nun, ich denke nicht, daß sie übel mit mir fahren soll. Ich bitte dich, Meinau; es gilt Wohl und Weh deines Freundes. Ich schaffe dir Gelegenheit, sie allein zu sprechen. Willst du?
UNBEKANNTER *nach einer Pause.* Ich will. Aber unter einer Bedingung.
MAJOR. Sprich!
UNBEKANNTER. Daß du mich morgen ohne Widerrede abreisen lässest.
MAJOR. Abreisen? Wohin?
UNBEKANNTER. Wohin Gott will! unter Menschen, die mich nicht kennen.
MAJOR. Halsstarriger!
UNBEKANNTER. Du versprichst das – oder ich komme gar nicht.
MAJOR. Wohlan, ich verspreche es. Vielleicht sind deine Ideen heiterer beim Aufgang der Sonne. *Ihm die Hand reichend.* Folge mir!
UNBEKANNTER. Ich muß mich doch erst ein wenig ankleiden.
MAJOR. So erwarten wir dich in einer halben Stunde. Du gabst mir dein Wort.
UNBEKANNTER. Ich gab es.
MAJOR. Leb' wohl! *Ab.*

Dritter Auftritt

Unbekannter – gleich darauf Franz.

UNBEKANNTER *geht einigemal auf und nieder; sein Blick ist in sich gekehrt und trübe. Endlich bleibt er stehn, und ruft.* Franz!
FRANZ *kommt.* Herr!
UNBEKANNTER. Morgen reisen wir.
FRANZ. Mir recht.
UNBEKANNTER. Vielleicht in ein anderes Land.
FRANZ. Mir auch recht.
UNBEKANNTER. Vielleicht in einen andern Weltteil.
FRANZ. Mir alles recht.
UNBEKANNTER. Ihr friedlichen Insulaner der Südsee! zu euch will ich; ihr seid noch unverdorben. Eure einzige Schwachheit ist Stehlen. – Immerhin! ich bringe keine Schätze mit. Das köstlichste Kleinod, das ich hatte, meine Ruhe, hat man mir in Europa gestohlen. – Oder zu euch, ihr wackern Bewohner von Bisnapore; zu euch, deren verführerisches Gemälde Raynal mit unnachahmlichem Pinsel uns darstellt – oder – nun ja, wohin Gott will! Fort! fort aus diesem kultivierten, moralischen Lazarett! – Hörst du, Franz? morgen mit dem frühesten.
FRANZ. Ganz wohl.
UNBEKANNTER. Doch vorher, Franz, noch ein kleines Geschäft für dich. Geh hinunter ins Dorf, miete dir Pferde und Wagen von einem Bauern, und eile in das benachbarte Städtchen. Du kannst vor Sonnenuntergang noch zurück sein. Ich will dir einen Brief an eine Bürgersfrau mitgeben, die ich kenne. Dort wirst du zwei Kinder finden; es sind meine Kinder –
FRANZ *erstaunt.* Ihre Kinder, Herr?
UNBEKANNTER. Nimm sie, packe sie auf den Wagen, und bringe sie hieher.
FRANZ. Ihre Kinder, Herr?
UNBEKANNTER. Nun ja doch, meine Kinder; ist denn das so unbegreiflich?
FRANZ. Ich begreife wohl, daß Sie Kinder haben können; aber daß ich nun schon drei Jahre in Ihren Diensten bin, und noch nie ein Wörtchen davon erfuhr, das ist doch sonderbar.
UNBEKANNTER. Viel von seinen Kindern sprechen, ist Narrheit.
FRANZ. Es ist ein Unterschied zwischen viel und garnicht. Sie waren also verheuratet?
UNBEKANNTER. Belästige mich nicht mit unnützen Fragen! Geh, mach dich reisefertig!
FRANZ. Dazu brauch ich fünf Minuten.

Er geht.

UNBEKANNTER. Ich folge dir sogleich, um den Brief zu schreiben.

Franz ab.

Vierter Auftritt

UNBEKANNTER *allein*. Ich will sie mit mir nehmen. Ich will mich an ihren Anblick gewöhnen. Die unschuldigen Geschöpfe sollen nicht vergiftet werden, weder durch ein Philanthropin, noch durch eine Pension. Mögen sie lieber auf irgendeiner wüsten Insel ihren täglichen Unterhalt mit Bogen und Pfeil erjagen, oder sich, wie die Hottentotten, in einen Winkel kauern und die Spitze ihrer Nase betrachten. Besser nichts tun, als Böses. – Narr, der ich war! Mir das Versprechen entlocken zu lassen, mich noch einmal unter die Affengesichter zu mengen. Welch' eine lächerliche Figur werd' ich da spielen! Und gar als Freiwerber. Ha! ha! ha! – Nun, ich habe so manches ertragen; warum sollt' ich nicht, einem Freunde zu Liebe, eine böse Stunde mehr in den Kalender meines Lebens schreiben? *Ab.*

Fünfter Auftritt

Zimmer im Schloß.

LOTTE *allein*. Nein, Frau Gräfin, wenn Sie sich hier auf dem Lande einsperren wollen, so bin ich Ihre gehorsame Dienerin. Ich bin nicht für das Landleben geschaffen; ich bin in der großen Welt erzogen. *Sie gähnt.* Wahrhaftig, ich habe in den paar Stunden schon öfter gegähnt, als in allen Predigten zusammengenommen, die ich in meinem Leben gehört habe. – Unerträglich! Nicht einmal ein vernünftiger Kammerdiener, der mir die Cour machte. Und wenn ich vollends an die Madam Müller denke; da möchte ein Mädchen von Stande sich die gelbe Sucht an den Hals ärgern.

Sechster Auftritt

Bittermann – Lotte.

BITTERMANN *der die letzten Worte gehört hat.* Ei, ei, warum nicht gar? Wer hat Ihnen Leides getan, mein schönes Kind?

LOTTE *verächtlich*. Mir, Herr Bittermann? Ich bin nicht die Person, die sich von irgend jemand in der Welt etwas zuleide tun läßt. Wenn auch gewisse Leute, die ich nicht nennen will, sich gegen gewisse Leute übermütig betragen, denen sie kaum wert sind, die Schuhriemen aufzulösen, so habe ich doch zuviel Erziehung genossen, um mir auch nur ein graues Haar deshalb wachsen zu lassen.
BITTERMANN. Die hochedle Mamsell sprachen auch vorhin nicht von grauen Haaren, sondern von der gelben Sucht.
LOTTE. Nun ja, ich meinte, es wäre schade, daß Madam Müller, die sonst eine ganz erträgliche Figur macht, eine so gelbe Haut hat.
BITTERMANN. Lieber Gott! es gibt gelbe, schwarze und bronzierte Menschen in der Welt. Ich habe darüber noch vor kurzem Briefe vom Vorgebirge der guten Hoffnung gehabt; und wenn Madam Müller gelb ist, so mag das vielleicht in Ihrem Vaterlande so gebräuchlich sein.
LOTTE. In ihrem Vaterlande? Allerliebster Herr Bittermann! Sie können mir also sagen, wer diese Kreatur ist? und ob sie in Ansehung ihrer Geburt und Herkunft sich mit gewissen Personen messen darf?
BITTERMANN. Nein, hochedle Mamsell, ich habe darüber keine Briefe, weder aus Europa, noch aus irgendeinem andern Weltteile.
LOTTE. Wenn eine hochgetragene Nase immer das Zeichen eines vornehmen Standes ist; wirklich, so muß sie eine Prinzessin sein.
BITTERMANN. In der Tat, wenn man sie zuweilen reden hört, sollte man denken, man habe eine Hochwohlgeborne Frau Baronin vor sich.
LOTTE. Aber wer ist schuld daran, als die hohen Herrschaften selbst? War das auch heute eine Aufführung für einen Grafen? er tritt kaum in die Türe – ich stand auf dem Vorsaal – so läuft er auf Madam Müller zu und umarmt sie, recht als ob sie seinesgleichen wäre.
BITTERMANN. Ja, ja, davon bin ich Zeuge gewesen.
LOTTE. Ebenso die Frau Gräfin. Sie speist mit den Herrschaften, sie geht mit ihnen spazieren, und jetzt in diesem Augenblick sitzt sie mitten unter ihnen am Teetische.
BITTERMANN. Leider alles wahr.
LOTTE. Schickt sich das für einen Grafen?
BITTERMANN. Ganz und gar nicht.
LOTTE. Muß ein Graf nicht immer einen gewissen Stolz, eine edle Selbstgenügsamkeit in allen seinen Handlungen blicken lassen, wenn er auch sonst nichts auf der Welt wäre, als Graf?
BITTERMANN. Ei freilich! freilich!
LOTTE. Ebenso, als wenn ich, die Tochter eines Hofkutschers, mich mit den Bauern im Dorfe familiarisieren wollte.

BITTERMANN. Bewahre der Himmel!
LOTTE. Nein, das leide ich durchaus nicht. Morgen früh beim Ankleiden werde ich mit der Gräfin sprechen. Eine von uns beiden muß das Feld räumen, entweder ich oder Madam Müller.
BITTERMANN *welcher den Major kommen sieht.* St!

Siebenter Auftritt

Der Major – die Vorigen.

MAJOR *welcher im Hereintreten den Namen der Madam Müller hat nennen hören.* War hier nicht die Rede von Madam Müller?
BITTERMANN *in einiger Verlegenheit.* Ja, so vel quasi.
MAJOR. Lotte, sage Sie meiner Schwester, ich wünschte mit ihr zu sprechen, sobald der Teetisch abgeräumt worden.
LOTTE *ab.*
MAJOR. Darf man erfahren, was gesprochen wurde?
BITTERMANN. Wir sprachen so hin und her, dies und jenes, herüber und hinüber.
MAJOR. Bald sollt' ich vermuten, es stecke ein Geheimnis dahinter.
BITTERMANN. Ein Geheimnis? Behüte der Himmel! Da müßt' ich Briefe haben. Nein, es bleibt alles in den Grenzen der Publizität.
MAJOR. Um so eher darf ich bitten, teil am Gespräche zu nehmen.
BITTERMANN. Viel Ehre, Hochwohlgeborner Herr Major, viel Ehre! Je nun, wir machten anfänglich einige ganz alltägliche Bemerkungen. Die hochedle Mamsell vermeinte, jeder Mensch habe seine Fehler, und da sagte ich ja. Bald darauf merkte ich an, daß auch der beste Mensch auf der Welt seine kleinen Schwachheiten habe, und da sagte die Mamsell ja.
MAJOR. Ist das eine Einleitung in die Fehler und Schwachheiten der Madam Müller, so bin ich begierig mehr zu hören.
BITTERMANN. Ja, lieber Gott! Madam Müller ist wohl eine kreuzbrave Frau, aber sie ist doch auch noch lange kein Engel. Als einem alten treuen Diener des Hochgräflich Winterseeischen Hauses, liegt es mir ob, der gnädigen Herrschaft allerlei ins Ohr zu raunen, was den Einkünften merklichen Schaden und Nachteil bringt.
MAJOR *neugierig.* Nun?
BITTERMANN. Der Herr Graf zum Beispiel wird denken, er habe da zum wenigsten noch ein vierzig bis funfzig Bouteillen von dem alten sechsundzwanziger Rheinwein im Keller liegen. Ja prosit die Mahlzeit! Kaum zehn oder funfzehn mögen noch übrig

sein. Über meine Zunge ist nicht ein Tropfen gekommen, nicht einmal an hohen Festtagen.
MAJOR *lächelnd.* Madam Müller wird ihn doch wohl nicht ausgetrunken haben?
BITTERMANN. Sie selbst nun wohl eben nicht; denn sie trinkt keinen Wein. Aber wenn ein Kranker im Dorfe ist, der sich doch wohl mit einem Schluck Branntewein behelfen könnte, da schickt sie flugs eine Flasche von dem köstlichen Sechsundzwanziger hin. Ich habe ihr verschiedentlich und wiederholentlich Vorstellungen darüber gemacht; aber sie antwortet mir immer ganz schnippisch: »ich will es schon verantworten.«
MAJOR. Ich auch, lieber Herr Bittermann.
BITTERMANN. In Gottes Namen! Mich geht es nichts an. Ich habe dem Keller zwanzig Jahre lang vorgestanden; von mir haben die Armen nicht einen Tropfen bekommen. – Und wenn sie auf der einen Seite verschwendet, da knausert sie wieder auf der andern zur unrechten Zeit. Als ich im vergangenen Herbst einen Brief aus Ungarn erhielt, in welchem man mir die Einnahme von Novi durch den Feldmarschall Laudon meldete, da wollt' ich, als ein Mitglied des heiligen römischen Reichs, meine Freude an den Tag legen. Ich bat den Herrn Pfarrer und den Herrn Gerichtshalter zu mir, um in Fröhlichkeit des Herzens ein paar Flaschen alten Wein mit ihnen auszustechen. – Denken Sie nur, Hochwohlgeborner Herr Major, da speis'te sie mich mit Frankenwein ab.
MAJOR. Unerhört!
BITTERMANN. Man kann überhaupt gar nicht aus der Frau klug werden. Der Umgang der Frau Pastorin und der Frau Gerichtshalterin ist ihr nicht gut genug, und dann sitzt sie doch zuweilen wieder mitten unter den Bauerweibern. Wir beide vertragen uns noch so ziemlich; denn, unter uns, sie hat ein Auge auf meinen Peter geworfen.
MAJOR. Ei, ei!
BITTERMANN. Ja, der Peter ist ein vertrackter Junge; er lernt vom Schulmeister schreiben. Wenn der Hochwohlgeborne Herr Major Belieben tragen, ein Pröbchen zu sehen; er malt seine Buchstaben, daß es eine Art hat.
MAJOR. Ein andermal, lieber Herr Bittermann, ein andermal. Für jetzt empfehle ich mich Ihnen. *Bittermann verbeugt sich ohne zu gehen; der Major blättert in einem Buche, das auf dem Tische liegt.* Ich finde da eben ein sehr interessantes Buch. Wirklich, das muß ich lesen; leben Sie wohl!
BITTERMANN *ohne den Wink zu verstehen.* Untertäniger Diener.
MAJOR. Das ist zu arg. Herr Verwalter, ich wünschte allein zu sein.
BITTERMANN. Der gnädige Herr haben zu befehlen. Wenn Ihnen einmal die Zeit lang werden sollte, und Sie wünschten, die neuesten Neuigkeiten vom ungarischen Kriegstheater zu erfahren, so dürfen Sie sich nur an mich wenden. Ich habe Briefe –
MAJOR. Schon gut.

BITTERMANN *indem er mit vielen Verbeugungen abgeht.* Briefe aus dem Banat, Briefe von der türkischen Grenze, Briefe aus Rußland, Briefe vom Pacha von Scutari – *Ab.*
MAJOR. Unerträglicher Schwätzer! – Doch nein! Sprach er nicht von Madam Müller? Verziehen sei ihm seine politische Wut!

Achter Auftritt

Die Gräfin – der Major.

GRÄFIN. Wahrhaftig, die Verliebten denken, man hungere nicht, man durste nicht, weil sie selbst von Rosenduft und Mondschein leben. Kaum hab' ich ein paar Tassen Tee hinuntergeschlürft, so läßt mich der Herr Bruder schon abrufen; und was steht zu Befehl?
MAJOR. Du kannst noch fragen? Hast du mit Madam Müller gesprochen?
GRÄFIN. Ja.
MAJOR. Nun?
GRÄFIN. Nichts.
MAJOR. Nichts?
GRÄFIN. Das heißt, wenn der Herr Bruder nicht bald einen andern Hafen sucht, so wird er bis ans Ende seines Lebens auf offener See herumtreiben müssen.
MAJOR. Ist sie verheuratet?
GRÄFIN. Das weiß ich nicht.
MAJOR. Ist sie von guter Geburt?
GRÄFIN. Das darf ich nicht sagen.
MAJOR. Kann sie mich etwa nicht leiden?
GRÄFIN. Darauf muß ich dir die Antwort schuldig bleiben.
MAJOR. So so, ich bewundere deine schwesterliche Zuneigung; sie ist exemplarisch. Gut, daß ich gleich anfangs nicht sehr darauf baute. Gut, daß ich einen Freund wiederfand, der die Frau Schwester beschämen wird.
GRÄFIN. Einen Freund?
MAJOR. Aufzuwarten. Der Fremde, der diesen Morgen deinem Manne das Leben gerettet, ist mein alter Freund.
GRÄFIN. Wie heißt er?
MAJOR. Das weiß ich nicht.
GRÄFIN. Ist er von guter Geburt?
MAJOR. Das darf ich nicht sagen.
GRÄFIN. Wird er herkommen?

MAJOR. Darauf muß ich dir die Antwort schuldig bleiben.
GRÄFIN. Du bist unerträglich.
MAJOR. Magst du denn deine eigene Komposition nicht einmal da Capo hören?

Neunter Auftritt

Der Graf – Eulalia – die Vorigen.

GRAF. Zum Henker! denkt ihr denn, ich bin ein Xenokrat, oder ich habe ein paar marmorne Spindelbeine, wie der arme Sultan Uzim Oschanty? Da lassen Sie mich immer, in Gottes Namen, mit Madam Müller allein, und bedenken nicht, daß mein Herz kein Kieselstein ist. Ich sage es Ihnen, Frau Gemahlin, wenn es noch einmal geschieht, so habe ich meine Liebeserklärung schon in petto.
GRÄFIN. Vermutlich von Ihrem Kammerdiener entworfen.
GRAF. Nein, Madam, aus einem von Ihnen aufgefangenen Liebesbriefchen entlehnt.
GRÄFIN. Also doch immer geborgt?
GRAF. Nicht doch! Alte einkassierte Schuld, abgeschrieben von einem Billet doux, das Sie vor sechs Jahren von mir erhielten.
GRÄFIN. Wie ökonomisch! und das wollen Sie nun zum zweiten Male brauchen? Wissen Sie denn nichts Neues zu sagen?
GRAF. Sie haben mich erschöpft, Madam.
GRÄFIN. Ein trauriges Bekenntnis in Gegenwart Ihrer neuen Geliebten!
GRAF *komisch*. Verdammtes Weib! ich komme nicht gegen sie auf. – Herr Schwager, wie stehts? wird der Fremde kommen?
MAJOR. Ich erwarte ihn jeden Augenblick.
GRAF. Das ist mir lieb. Wieder eine Gesellschaft mehr! Auf dem Lande kann man deren nicht zuviel haben.
MAJOR. Durch diesen Fremden wird unser Zirkel eben nicht erweitert werden. Er reiset morgen ab.
GRAF. Das soll er wohl bleiben lassen. Nun, Frau Gräfin, nun einmal alle Ihre Reize aufgeboten! Es ist keine Kunst, sich an einem Ehemanne zu reiben; der ist schon abgeschliffen; aber so ein fremder Sonderling, der hat scharfe Ecken. Da versuchen Sie Ihr Heil.
GRÄFIN. Wahrhaftig, die Eroberung wäre schon der Mühe wert. Aber was Madam Müller in vier Monaten nicht zustande gebracht hat, wird mir nie gelingen.

EULALIA *scherzend.* Doch, gnädige Frau. Er hat mir nie Gelegenheit gegeben, meine Reize auf ihn wirken zu lassen. Wir haben in diesen vier Monaten einen sehr geistigen Umgang miteinander gehabt; denn wir haben uns auch nicht ein einziges Mal gesehen.
GRAF. Er ist ein Narr, und Sie sind ein Närrchen.
BITTERMANN *tritt herein.* Der fremde Herr will die Ehre haben aufzuwarten.
GRAF. Herzlich willkommen! Immer herein!

Zehnter Auftritt

Der Unbekannte – die Vorigen.
Unbekannter tritt mit einer ernsthaften Verbeugung in das Zimmer. Graf geht mit offenen Armen auf ihn zu. Eulalia erblickt ihn, stößt einen lauten Schrei aus, und fällt in Ohnmacht. Unbekannter wirft einen Blick auf sie; Schrecken und Staunen in seinen Gebärden, rennt er schleunig zur Türe hinaus. Graf sieht ihm voll Verwunderung nach. Gräfin und der Major beschäftigen sich um Eulalien.

Ende des vierten Aufzugs.

Fünfter Aufzug

Zimmer im Schloß.

Erster Auftritt

DER GRAF *allein, geht herum und schlägt Fliegen tot.* Ehemals zog ich gegen Menschen zu Felde, und nun gegen Fliegen. Beide sind impertinentes Geschmeiß. Den heutigen Feldzug eröffne ich bloß aus Langerweile, wie es die großen Herrn gewöhnlich zu machen pflegen, wenn sie nichts Bessers zu tun wissen. – Kaiser Domitian schlug Fliegen tot, so gut, als ich; darüber lacht die ganze Welt: aber daß Kaiser Karl der Große Menschen totschlug, wie Fliegen, weil sie nicht beten wollten wie er, darüber lacht niemand; und es ist doch, bei Gott! sehr lächerlich. – Guter Domitian! deine Asche ruhet in Frieden, die Seelen der ermordeten Fliegen lassen dich ungehudelt. Selig ist der Kaiser, der fein zu Hause bleibt und Fliegen totschlägt.

Zweiter Auftritt

Bittermann – der Graf.

BITTERMANN. Ich habe die Ehre, Ew. Hochgräfl. Exzellenz zu vermelden, daß die Tafel serviert ist.
GRAF. Womit ist die Tafel serviert?
BITTERMANN. Fürs erste sind da delikate junge Hühner und zuckersüße junge Erbsen. Alsdann ein Hecht, so lang als ein Walfisch, ein gebratener Kapaun, so zart als ein Milchbrei, und Krebse, so groß als die Schildkröten.
GRAF. Lieber Bittermann, wenn Er auch noch zwanzig der schmackhaftesten Schüsseln auf die Tafel setzt, so wird Er meinen Appetit doch nicht eher rege machen, als bis Er die Tafel auch mit einigen Menschen serviert. Allein schlafen kann ich zur Not; aber allein essen ist mir unmöglich. Je mehr Menschen um mich her sitzen, je voller sie die Backen stopfen, je begieriger sie einhauen, desto besser schmeckt es mir selbst.
BITTERMANN. Da könnt ich Ew. Hochgräfl. Exzellenz meinen Peter rekommandieren; der frißt, als wollt' er die Schüsseln zusamt den Speisen verschlingen.
GRAF. Wo bleibt denn meine werte Hausgenossenschaft? – Liegt Madam Müller noch in Ohnmacht?

BITTERMANN. Soviel ich im Vorbeigehen am Schlüsselloch erlauschen konnte, ist sie nunmehr wieder zu sich selbst gekommen. Ist das nicht ein geziertes, geschraubtes, gedrechseltes Wesen mit so einem verlaufenen Dämchen! Da wurde nach Hirschhorn geschickt, nach Riechspiritus, nach weißem Pulver; die arme hochedle Mamsell Lotte läuft Treppe auf, Treppe nieder, daß sie ihre allerliebsten Beinchen kaum mehr fühlt. Ein paar Kannen kaltes Wasser über den Kopf gegossen, das ist das kräftigste Mittel gegen alle Ohnmachten. Ich wundere mich nur über die gnädige Frau Gräfin und über den Hochwohlgebornen Herrn Major; die sind so emsig und ängstlich um sie her beschäftigt, als ob das Frauenzimmerchen zu Ew. Hochgräfl. Exzellenz hohen Familie gehörte.
GRAF *lächelnd.* Wer weiß!
BITTERMANN. Bei meiner armen Seele! ich glaube, wenn ein alter treuer Diener, der seit zwanzig Jahren die Ehre hat, Ew. Hochgräfl. Exzellenz aufzuwarten, einmal das Unglück hätte, in Ohnmacht zu fallen; es würde nicht halb soviel Lärm entstehen.
GRAF. Das glaub' ich beinahe selbst.
BITTERMANN. Und lieber Gott! niemand weiß doch, wer das Frauenzimmer ist. Ich habe Briefe über Briefe geschrieben, ich habe Antworten über Antworten erhalten; keiner meiner Korrespondenten kann mir Auskunft geben.
GRAF. Weiß Er was, Bittermann? Da will ich Ihm einen guten Rat erteilen.
BITTERMANN *sehr begierig.* Ich bin ganz Ohr.
GRAF. Ich schließe aus dem heutigen Vorfall, daß Madam Müller und der Fremde sich ziemlich genau kennen müssen. Wenn Er also nur von dem Fremden nähere Nachricht einziehen könnte!
BITTERMANN *wehmütig.* Ach teurer Herr Graf! habe ich mir denn nicht schon die unsäglichste Mühe deshalb gegeben? Seit vier Monaten ist all' mein Dichten und Trachten auf diesen wichtigen Gegenstand gelenkt; aber da ist ägyptische Finsternis, undurchdringlicher Nebel. Und ohne Ruhm zu melden, was ich nicht zu Tage fördere, das muß im tiefsten Schacht vergraben liegen. Ich habe meine Korrespondenten weit und breit, und dann habe ich so meine eigene Manier, ein Geheimnis unter die Leute zu bringen. Mit meinen Briefen in der Tasche halte ich die Leute auf den Straßen an; ich lese sie in der Kanzelei des Herrn Gerichtshalters vor, ich publiziere sie in der Kirche –
GRAF. Ja, ja; und wenn Er keine Briefe bekommt, so schmiedet Er sie selbst.
BITTERMANN. Auch wohl mitunter, Ew. Hochgräfl. Exzellenz. Die Korrespondenten sind zuweilen saumselig.

Dritter Auftritt

Der Major – Die Vorigen.

GRAF *ihm entgegen.* Nun, endlich kommt doch einer, der die Krebse wird verzehren helfen, die so groß sind, als die Schildkröten. – Aber mein Himmel! welch ein O Jeminesgesicht! Kommen Sie, Herr Schwager; ein Glas Burgunder auf den Schrecken!
MAJOR. Verzeihen Sie! ich habe weder Hunger noch Durst.
GRAF. Hören Sie! unter allen Dingen auf der Welt verzeihe ich das gerade am wenigsten, wenn man in meinem Hause nicht lustig und froh ist. Wenn ich ein König wäre, ich würde meine Untertanen glücklich machen, soviel in meinen Kräften stünde; wen ich aber nicht glücklich machen könnte, der müßte über die Grenze.
MAJOR. Also würden Sie die Menschen nur glücklich machen, um keine traurigen Gesichter um sich her zu sehen?
GRAF. Allerdings.
MAJOR. Ein sehr egoistischer Grundsatz.
GRAF. Ach lieber Herr Bruder! Egoisten sind wir alle; der eine mehr, der andere weniger; der eine läßt seinen Egoismus nackend laufen, der andere hängt ihm ein Mäntelchen um.
MAJOR. Daß ich jetzt nicht gestimmt bin, mit Ihnen darüber zu disputieren!
GRAF. Auf ein anderes Mal, bei einer Pfeife Tobak. – Apropos! was macht Madam Müller?
MAJOR. Apropos? ein allerliebstes Apropos!
GRAF. Nun dann, ohne Apropos!
MAJOR. Sie hat sich erholt.
GRAF. Wird sie zum Essen kommen?
MAJOR. Nein.
GRAF. Meine Frau auch nicht?
MAJOR. Ich zweifle.
GRAF. Nun so hol euch alle der Henker! Komm Er, Bittermann, Er soll mir bei Tische ein paar von seinen Briefen vorlesen.
BITTERMANN. Mit dem größten Vergnügen, Ew. Hochgräfl. Exzellenz.

Graf und Bittermann ab.

MAJOR *einige Augenblicke vor sich hinstarrend.* O die täuschende Hoffnung! – Wolkenbild von seliger Zukunft! ich breite die Arme nach dir aus – und zu zerfließest in Luft. – Armer Horst! die Rätsel sind gelöst. Sie ist das Weib deines Freundes. –

Wohlan! nicht durch trockene Wortzänkerei, durch Tat will ich widerlegen, was der Graf da eben herdeklamierte. Ich kann nicht selbst glücklich sein, aber es steht vielleicht in meiner Macht, zwei schöne Seelen wieder zu vereinigen, die des Schicksals tückische Laune trennte. – Auf, Horst! kleine Geister jammern über mißlungene Pläne; ein Mann erstickt in edler Tätigkeit den Kleinmut, der ihn zu Boden drücken will.

Vierter Auftritt

Die Gräfin – Eulalia – Der Major.

GRÄFIN. In den Garten, liebe Freundin, in die frische Luft!
EULALIA. Mir ist recht wohl – Wenn Sie sich nur um mich nicht beunruhigten; *Bittend.* wenn Sie mich lieber ganz allein ließen! –
MAJOR. Nicht doch, gnädige Frau, die Zeit ist kostbar. Er will fort, morgen schon. Lassen Sie uns gemeinschaftlich auf Mittel denken, Sie mit Ihrem Gemahl auszusöhnen.
EULALIA. Wie, Herr Major? Sie scheinen mit meiner Geschichte bekannt zu sein.
MAJOR. Das bin ich. Meinau ist mein Freund seit meinen ersten Jugendjahren; wir haben vom Kadett bis zum Hauptmann miteinander gedient. Seit sieben Jahren waren wir getrennt: der Zufall führte uns heute wieder zusammen, und sein Herz schloß sich mir auf.
EULALIA. Nun fühl' ich, was es heißt: den Blick eines ehrlichen Mannes nicht ertragen zu können! – O Gräfin! verbergen Sie mich vor mir selbst!

Sie verbirgt ihr Gesicht am Busen der Gräfin.

MAJOR. Wenn ungeheuchelte Reue, ein Leben ohne Tadel, nicht einmal Anspruch auf Verzeihung der Menschen geben; was hätten wir denn einst vor Gott zu hoffen? – Nein! Sie haben genug gebüßt. Der schlummernden Tugend entriß das Laster auf einen Augenblick die Herrschaft in Ihrem Herzen. Die erwachte Tugend bedurfte nur eines Blicks, um es für ewig daraus zu verscheuchen. – Ich kenne meinen Freund. Er denkt stark wie ein Mann, und fühlt fein, wie eine Frau. Ich eile zu ihm, Madam, als Ihr Geschäftsträger. Mit dem Feuer der Freundschaft will ich das Werk beginnen, damit ich, wenn ich einst auf den Lauf meines Lebens zurückblicke, verweilen könne bei einer guten Tat, die mir Zufriedenheit im Alter gewähre. – Auf fröhliches Wiedersehen.

Er will gehen.

EULALIA. Was wollen Sie tun, Herr Major? – Nein, nimmermehr! – Die Ehre meines Gemahls ist mir heilig. Ich liebe ihn unaussprechlich; aber ich kann nie wieder seine Gemahlin werden, selbst wenn er großmütig genug wäre, mir verzeihen zu wollen.
MAJOR. Ist das Ernst, gnädige Frau?
EULALIA. Nicht diese Benennung; ich bitte Sie. Ich bin kein Kind, das sich der Strafe entziehen will. Was wäre meine Reue, wenn ich einen andern Vorteil dadurch zu erlangen hoffte, als den eines minder tobenden Gewissens?
GRÄFIN. Aber wenn nun Ihr Gemahl selbst –
EULALIA. Das wird er nicht, das kann er nicht.
MAJOR. Aber er liebt Sie noch.
EULALIA. Nun so muß er nicht! er muß sein Herz von einer Schwachheit losreißen, die ihn enthert.
MAJOR. Unbegreifliche Frau! Sie haben mir also gar keinen Auftrag zu erteilen?
EULALIA. Doch, Herr Major. Ich habe zwei Bitten, deren Erfüllung mir sehr am Herzen liegt. Oft, wenn ich im Übermaß meines Kummers an jedem Trost verzweifelte, kam es mir vor, als würd' ich dann ruhiger sein, wenn das Schicksal mir den Wunsch gewährte, meinen Gemahl nur noch ein einziges Mal zu sehen, ihm mein Unrecht zu bekennen, und dann auf ewig von ihm zu scheiden. – Das also meine erste Bitte. Eine Unterredung von wenig Minuten, wenn er meinen Anblick nicht verabscheut. Aber daß er ja nicht wähne, ich wolle auch nur den mindesten Versuch machen, seine Verzeihung zu erhalten. Daß er ja überzeugt sei, ich wolle meine Ehre nicht auf Kosten der seinigen wiederherstellen. – Meine zweite Bitte – ist – um Nachricht von meinen Kindern.
MAJOR. Wenn Menschlichkeit und Freundschaft etwas über ihn vermögen, so wird er keinen Augenblick anstehn, in Ihr Verlangen zu willigen. *Mit einer Verbeugung.* Ich eile –
GRÄFIN. Gott sei mit dir!
EULALIA. Und mein Gebet!

Major ab.

GRÄFIN. Ihm nach, liebe Freundin! Einen Gang im Schatten der Linden, bis er mit Hoffnung und Trost zurückkehrt.
EULALIA *vor sich hinstarrend.* Wie sich das in meinem armen Herzen durchkreuzt! Hier mein Gemahl, dort meine Kinder. – Hier entflohene Freuden und Schrecken der Zukunft – dort die mütterliche Wonne des Wiedersehens. – Ach! teure Gräfin! es gibt Augenblicke, in welchen man Jahre durchlebt; Augenblicke, welche schwarzes Haar in grau zu wandeln vermögen, und tiefe Runzeln auf jugendliche Wangen furchen.

GRÄFIN. Das heißt: der Kummer zerstört mächtiger, als das Alter. Aber solchen Augenblicken muß man aus dem Wege eilen. Fort! hinunter in den Lindengang! Die Sonne wird bald untergehen. Ein solches Schauspiel der Natur zerstreut.
EULALIA. Recht! Die untergehende Sonne ist ein Schauspiel für einen Unglücklichen.
GRÄFIN *indem sie, von Eulalien begleitet, abgeht.* Der des kommenden Morgens nie dabei vergessen darf. *Ab.*

Fünfter Auftritt

Die Bühne verwandelt sich wieder in den Platz vor Meinaus Wohnung.

DER MAJOR *allein.* Unter Sonn' und Mond ist nur ein solches Paar. Sie dürfen nicht getrennt werden; er muß ihr verzeihen. – Aber die Rolle, die ich zu spielen übernommen habe, ist schwerer, als ich anfangs dachte. Was werd' ich ihm antworten, wenn er mir das Phantom der Ehre entgegenstellt? wenn er mich fragt, ob ich ihn zum Spott der bürgerlichen Gesellschaft herabwürdigen will? was werd' ich ihm antworten gegen meine eigene, bessere Überzeugung? Denn bei Gott! Er hat recht. Ein ehebrecherisches Weib ist ein Schandfleck ihres Geschlechts, und ihr verzeihen, heißt ihre Schande teilen. Wenn auch ein Weib, wie Eulalia, hier eine Ausnahme macht, ein funfzehnjähriges, verführtes Geschöpf, das so lange, so strenge, so aufrichtig büßte, so kehrt sich doch die Welt nicht daran. – Die Welt? Nun, die muß er fliehen; der muß er auf immer entsagen. Eulalia gewährt zehnfachen Ersatz für sie. Sie herrscht noch in seinem Herzen, und auf diese Herrschaft gründ' ich den glücklichen Ausgang meines Unternehmens.

Sechster Auftritt

Franz mit den beiden Kindern Wilhelm – Malchen – Der Major.

WILHELM. Ich bin müde.
MALCHEN. Ich auch.
WILHELM. Haben wir noch weit bis nach Hause!
FRANZ. Nein, wir sind gleich da.
MAJOR. Halt! was sind das für Kinder?
FRANZ. Die Kinder meines Herrn.

WILHELM. Ist das der Papa?
MAJOR. Wie ein Blitzstrahl fährt mirs durch den Kopf. – Ein Wort, Alter! Ich weiß, du liebst deinen Herrn. Hier sind wunderliche Dinge vorgefallen.
FRANZ. Zum Exempel?
MAJOR. Dein Herr hat seine Frau wiedergefunden.
FRANZ. So? Das ist mir lieb.
MAJOR. Madam Müller.
FRANZ. Ist die seine Frau? Das ist mir noch lieber.
MAJOR. Aber er will sich von ihr trennen.
FRANZ. O weh!
MAJOR. Man muß das zu hindern suchen.
FRANZ. Ei freilich.
MAJOR. Der unvermutete Anblick der Kinder könnte dem Dinge vielleicht noch eine andere Wendung geben.
FRANZ. Wie das?
MAJOR. Nimm die Kleinen und verbirg dich mit ihnen dort in der Hütte. Ehe eine Viertelstunde verläuft, sollst du mehr erfahren.
FRANZ. Aber –
MAJOR. Ich bitte dich, Alter, frage nicht viel: die Zeit ist kostbar.
FRANZ. Nun, nun, fragen ist so eben meine Sache nicht. Kommt, Kinder!

Er geht mit ihnen in die Hütte.

MAJOR. Herrlich! Ich verspreche mir viel von diesem kleinen Kunstgriff. Wo der sanfte Blick der Mutter nicht durchzudringen vermag, da wird das unschuldige Lächeln der Kinder den Weg zu seinem Herzen finden.

Siebenter Auftritt

Der Unbekannte – Der Major.

MAJOR *ihm entgegen.* Ich wünsche dir Glück, Meinau.
UNBEKANNTER. Wozu?
MAJOR. Du hast sie wiedergefunden.
UNBEKANNTER. Zeig' einem Bettler den Schatz, den er ehemals besaß, und nenn' ihn glücklich! Wie albern!

MAJOR. Warum nicht? wenn es nur an ihm liegt, wieder ebenso reich zu sein, als ehemals.
UNBEKANNTER. Ich verstehe. Du bist ein Abgeordneter meiner Frau. Daraus wird nichts.
MAJOR. Lerne deine Frau besser kennen! Ja, ich bin ein Abgeordneter von ihr; doch ohne alle Vollmacht, Frieden zu stiften. Sie, die dich unaussprechlich liebt, die ohne dich nie glücklich sein kann und wird, sie entsagt deiner Verzeihung, weil – so drückt sie sich aus – deine Ehre mit einer solchen Schwachheit nicht vereinbar sei.
UNBEKANNTER. Possen! mich fängt man nicht.
MAJOR. Meinau, besinne dich wohl! Sie ist ein herrliches Weib.
UNBEKANNTER. Soll ich dir sagen, Bruder, wie das alles zusammenhängt? Seit vier Monaten wohne ich hier; das wußte Eulalia –
MAJOR. Das wußte sie? Sie sah dich heute zum ersten Male.
UNBEKANNTER. Das mag sie einem Narren weiß machen. Höre nur weiter! Sie wußte ferner recht gut, daß ich kein ganz ungewöhnlicher Schlag von Menschen bin, daß auf der großen Heerstraße meinem Herzen nicht beizukommen ist. Deshalb legte sie einen feinen, tief versteckten Plan an. Sie spielte die Wohltätige; doch so, daß ich es jedesmal erfahren mußte. Sie spielte die Fromme, die Sittsame, die Eingezogene, um meine Neugier rege zu machen. Und endlich heute spielt sie die Spröde; sie schlägt meine Verzeihung aus, um mir durch diesen künstlichen Edelmut meine Verzeihung zu entlocken.
MAJOR. Meinau, ich habe dir mit Bewunderung zugehört. Vergib mir; nur einem Menschen, der so oft in der Welt betrogen wurde, verzeiht man solchen Unsinn. Schade, daß das ganze scharfsinnige Gebäude durch einen Hauch über den Haufen fällt. Deine Frau hat sich ausdrücklich und standhaft erklärt, sie werde deine Verzeihung nie annehmen; auch dann nicht, wenn du selbst schwach genug sein könntest, die Ehre der Liebe aufzuopfern. Wozu denn also der tief versteckte Plan? Wahrlich, Bruder! solche Maschinerie kann nur der Kopf eines Menschenfeindes argwöhnen.
UNBEKANNTER. So sag' mir doch, warum bist du denn eigentlich hier?
MAJOR. Aus mehr, als einer Ursach. Zuerst in meinem eigenen Namen, als der Freund meines alten Kriegskameraden, dich feierlich zu beschwören, dies Weib nicht von dir zu stoßen; denn bei Gott! du findest ihresgleichen nicht wieder.
UNBEKANNTER. Gib dir keine Mühe!
MAJOR. Aufrichtig, Meinau, du liebst sie noch.
UNBEKANNTER. Leider ja!
MAJOR. Ihre ungeheuchelte Reue hat ihre Schuld längst getilgt. Was hält dich ab, wieder so glücklich zu sein, als du einst warst?

UNBEKANNTER. Ein Weib, das fähig war, einmal die eheliche Treue zu verletzen, ist es auch zum zweiten Male.
MAJOR. Nicht so Eulalia. Vergib mir, Bruder, wenn ich den größten Teil ihrer Schuld auf dich selbst zurückschiebe.
UNBEKANNTER. Auf mich?
MAJOR. Auf dich. Wer hieß dich, ein junges, unerzogenes Mädchen heuraten? Von einem Manne von fünfundzwanzig Jahren fodert man kaum feste Grundsätze; und du suchtest dergleichen bei einem weiblichen Geschöpf von vierzehn Jahren? Doch das beiseite. Sie hat gefehlt, sie hat gebüßt, und in einer Zeit von drei Jahren sich so untadelig betragen, daß auch die schwärzeste Verleumdung durch ihr vergrößerndes Sehrohr in dieser Sonne keinen Flecken entdecken würde.
UNBEKANNTER. Und wenn ich auch das alles glaube – denn ich gestehe dir, ich glaube es gern – so kann sie doch nie wieder die Meinige werden. *Bitter.* Ha! ha! ha! Das wäre ein Schmaus für die geschminkten Weiber und all' das fade Hofvolk, wenn ich so wieder mitten unter sie träte, mit meinem verlaufenen Weibe am Arm. Wie sie hohnlächeln, sich in die Ohren wispern, mit Fingern auf mich zeigen würden. O das wäre ein Schauspiel, um des Teufels zu werden!
MAJOR. Nun, jenem abgeschmackten Zirkel zu entsagen, wird doch wohl meinem Freunde Meinau keinen Seufzer kosten? Ich denke, wer drei Jahre lang sich selbst genug war, der kann in Eulaliens Armen kühn der Einsamkeit sein ganzes Leben weihen.
UNBEKANNTER. Ich begreife. Ihr habt ein Komplott gemacht, habt euch mit meinem Herzen gegen meinen Kopf verschworen; aber vergebens! Ich bitte dich Bruder: kein Wort weiter, oder ich gehe.
MAJOR. Wohlan, so hab' ich als Freund meine Pflicht erfüllt. Jetzt erscheine ich als Abgeordneter deines Weibes. Sie bittet dich um eine letzte Unterredung; sie will Abschied von dir nehmen. Diesen Trost kannst du ihr nicht versagen.
UNBEKANNTER. O ich verstehe auch das. Sie schmeichelt sich mit dem Gedanken, meine Standhaftigkeit werde vor ihren Tränen hinwegschmelzen; aber sie irrt sich: sie mag kommen!
MAJOR. Und dich fühlen lassen, wie sehr du ihren Charakter verkennst. Ich hole sie.

Will gehen.

UNBEKANNTER. Noch eins, Horst. Hier, gib ihr diesen Schmuck; er gehört ihr zu.
MAJOR. Das magst du selbst tun. *Ab.*

Achter Auftritt

DER UNBEKANNTE *allein*. Nun, Meinau, der letzte glückliche Augenblick deines Lebens naht heran. Du wirst noch einmal sie sehen; sie, an der deine ganze Seele hängt. O daß ich ihr nicht entgegenfliegen, an dies klopfende Herz sie drücken darf! – Pfui! ist das die Sprache des beleidigten Gatten? Ach, ich fühl' es: das Hirngespenst, das wir Ehre nennen, ist nur in unserm Kopfe, nicht in unserm Herzen. – Standhaft! es darf nun einmal nicht anders sein. – Ernst will ich mit ihr reden; aber sanft. – Hüte dich, daß kein Vorwurf deinem Munde entwische! Ja, ihre Reue ist wahrhaftig; mein argwöhnisches Gehirn mag dagegen einwenden, was es will. – Nun, so soll wenigstens ihr Schicksal erträglich sein. Sie soll nicht dienen dürfen um des bißchen täglichen Brots willen. Sie soll unabhängig leben, und noch so viel übrig behalten, ihren wohltätigen Hang zu befriedigen. *Er blickt um sich und fährt zusammen.* Ha! Sie kommen! Beleidigter Stolz, erwache! gekränkte Ehre, schütze mich!

Neunter Auftritt

Der Unbekannte – Eulalia – Die Gräfin – Der Major.

EULALIA *welche langsam und bebend herbeischwankt, zu der Gräfin, welche sie unterstützen will.* Lassen Sie mich, gnädige Frau! Ich hatte einst Stärke genug zu sündigen; Gott wird mir heute Kraft verleihen zu büßen. *Sie naht sich dem Unbekannten, welcher mit weggewandtem Gesicht in großer Bewegung ihre Anrede erwartet.* Herr Oberster –
UNBEKANNTER *mit sanfter zitternder Stimme und stets abgewandtem Gesicht.* Was willst du von mir, Eulalia?
EULALIA *sehr erschüttert.* Nein – um Gottes willen! – darauf war ich nicht vorbereitet. – O, dieser Ton schneidet mir durchs Herz! – Dieses D u – dieses vertrauliche D u – nein! – um Gottes willen! – großmütiger Mann! einen rauhen, harten Ton für das Ohr der Verbrecherin!
UNBEKANNTER *sucht seiner Stimme mehr Festigkeit zu geben.* Nun, Madam –
EULALIA. Ach! wenn Sie mein Herz erleichtern, wenn Sie sich herablassen wollten, mir Vorwürfe zu machen –
UNBEKANNTER. Vorwürfe? – Hier stehn sie auf meiner blassen Wange, hier in meinem eingefallenen Auge: diese Vorwürfe konnt' ich Ihnen nicht ersparen – m e i n M u n d schont Ihres Elends.

EULALIA. Wär' ich eine verhärtete Verbrecherin; so würde dieses Schweigen mir Wohltat sein: aber ich bin eine reuige Büßende, und dieses edelmütige Schweigen drückt mich ganz zu Boden. – Ach! so muß ich denn selbst der Herold meiner Schande werden! Denn wo wäre Ruhe für mich, ehe dies Bekenntnis von meinem Herzen abgewälzt worden?

UNBEKANNTER. Kein Bekenntnis, Madam! Ich weiß alles, und erlasse Ihnen jede Demütigung. Doch werden Sie selbst einsehen, daß nach dem, was vorgefallen ist, wir uns auf ewig trennen müssen.

EULALIA. Ich weiß es. Auch kam ich nicht hieher, Verzeihung zu erflehen; auch regte sich nicht die leiseste Hoffnung in mir, Verzeihung zu erhalten. Es gibt Verbrechen, welche doppelt schänden, wenn man auch nur den Gedanken hegen kann, sie jemals ganz auszulöschen. Alles, was ich zu hoffen wage, ist: die Versicherung aus Ihrem Munde zu hören, daß Sie meinem Andenken nicht fluchen wollen.

UNBEKANNTER *weich*. Nein, Eulalia, ich fluche dir nicht. – Deine Liebe hat mir in bessern Tagen so manche süße Freude gewährt. – Nein, ich werde dir nie fluchen!

EULALIA *in großer Bewegung*. Mit dem innigen Gefühl, daß ich Ihres Namens unwert bin, hab' ich schon seit drei Jahren einen andern, unbekannten getragen. – Aber das ist noch nicht genug. – Sie müssen einen Scheidebrief haben – der Sie in den Stand setze, eine würdigere Gattin zu wählen – in deren Armen Gott seinen mildesten Segen auf Sie herabschütten wolle! – Dazu wird dieses Papier Ihnen notwendig sein; – es enthält ein schriftliches Bekenntnis meiner Verbrechen. *Sie reicht es ihm zitternd dar.*

UNBEKANNTE *nimmt es und zerreißt es*. Es sei auf ewig vernichtet! Nein, Eulalia! Du allein hast in meinem Herzen geherrscht, und – ich schäme mich nicht, es zu bekennen – Du allein wirst ewig darin herrschen! Dein eigenes Gefühl für Tugend und Ehre verbietet dir, diese Schwachheit nutzen zu wollen; und wär' es – nun bei Gott! diese Schwachheit ist meiner Ehre untergeordnet. Aber nie, nie wird ein anderes Weib mir Eulalien ersetzen!

EULALIA *zitternd*. Nun, so bliebe mir nichts weiter übrig – als Abschied von Ihnen zu nehmen.

UNBEKANNTER. Halt! Noch einen Augenblick. Wir haben einige Monate lang, ohne es zu wissen, einander sehr nahe gelebt; ich habe viel Gutes von Ihnen erfahren; Sie haben ein Herz, weich geschaffen für die Not Ihrer armen Brüder. Das freut mich. Es muß Ihnen nie an Mitteln fehlen, diesen Hang zu befriedigen – auch Sie selbst müssen nie Mangel leiden. Diese Schrift versichert Ihnen eine Leibrente von tausend Talern, welche der Bankier Schmidt in Kassel Ihnen alljährlich auszahlen wird.

EULALIA. Nimmermehr! Die Arbeit meiner Hände muß mich ernähren. Ein Bissen Brot, von einer Träne der Reue befeuchtet, wird mir mehr Ruhe gewähren, als das

Bewußtsein, von dem Vermögen eines Mannes zu schwelgen, den ich einst so schändlich verraten konnte.
UNBEKANNTER. Nehmen Sie, Madam, nehmen Sie!
EULALIA. Ich habe diese Demütigung verdient – aber ich flüchte zu Ihrer Großmut. Verschonen Sie mich!
UNBEKANNTER *beiseite.* Gott! welch ein Weib hat der Bube mir entrissen! *Er steckt das Papier wieder zu sich.* Wohl, Madam, ich ehre Ihre Gründe, ich stehe ab von meinem Begehren: doch nur unter der Bedingung, daß, wenn es Ihnen je an etwas mangelt, ich der erste und einzige sei, an den Sie sich freimütig wenden.
EULALIA. Ich verspreche es.
UNBEKANNTER. Und nun darf ich wenigstens verlangen, daß Sie Ihr Eigentum zurücknehmen, Ihren Schmuck.

Er reicht ihr das Schmuckkästchen.

EULALIA *sehr bewegt, öffnet das Kästchen, und ihre Tränen stürzen darauf.* Ach! da schwebt es vor meiner Seele, das süße Bild jenes schönen Abends, an welchem Sie mir diesen Schmuck schenkten. An jenem Abend legte mein alter Vater unsere Hände ineinander, und froh sprach ich ihn aus, den Schwur ewiger Treue. – Er ist gebrochen! – Damals hatt' ich ein reines, schuldloses Herz – ach! dies Gefühl kauft keine Reue zurück! – Dies Halsband schenkten Sie mir vor fünf Jahren an meinem Geburtstage. Das war ein glücklicher Tag. Sie hatten ein kleines, ländliches Fest veranstaltet. O! wie waren wir alle so heiter und froh! – Diese Schmucknadel erhielt ich, als ich meinen Wilhelm geboren hatte. – O wie schwer drückt die Erinnerung an entflohene Freuden, wenn du selbst ihr Mörder warst! – Nein, auch diesen Schmuck kann ich nicht behalten; – es müßte denn Ihre Absicht sein, mir durch seinen Anblick endlose Vorwürfe zu bereiten. – Nehmen Sie ihn zurück! *Sie reicht ihm den Schmuck, nachdem sie vorher nur die Nadel herausgenommen.*
UNBEKANNTER *in ebenso großer Gemütsbewegung als Eulalia, welche er aber zu verbergen sucht, nimmt den Schmuck mit weggewandtem Gesicht und steckt ihn ein.*
EULALIA. Nur diese Nadel sei mir ein Andenken an die Geburt meines Wilhelms.
UNBEKANNTER *beiseite.* Nein, länger halte ich's nicht aus. *Er wendet sich zu ihr, sein Ton ist nicht rauh und nicht sanft, nicht fest und nicht weich, sondern schwankt zwischen allen diesen.* Leben Sie wohl!
EULALIA. O nur noch e i n e Minute, nur noch Beantwortung e i n e r Frage; Beruhigung des Mutterherzens! – Leben meine Kinder noch?
UNBEKANNTER. Sie leben.
EULALIA. Und sind gesund?

UNBEKANNTER. Gesund.
EULALIA. Gott sei Dank! – Mein Wilhelm ist wohl schon recht groß geworden?
UNBEKANNTER. Ich vermute.
EULALIA. Und Malchen – ist sie noch Ihr Liebling?
UNBEKANNTER *den diese ganze Szene sichtbar tief erschüttert, bleibt stumm im Kampf mit Ehre und Liebe.*
EULALIA. O großmütiger Mann! ich bitte Sie, lassen Sie mich meine Kinder noch einmal sehen, ehe wir scheiden, daß ich sie an mein Herz drücke, daß ich sie segne, daß ich die Züge ihres Vaters in ihnen küsse.
UNBEKANNTER *schweigt.*
EULALIA *fährt nach einer Pause fort.* Ach! wenn Sie wüßten, wie in diesen drei fürchterlichen Jahren mein Herz an meinen Kindern hing; wie mir die Tränen in die Augen schossen, so oft ich einen Knaben oder ein Mädchen gleiches Alters erblickte; wie ich zuweilen in der Dämmerung in meiner einsamen Kammer saß, mich an den Zauberbildern meiner regen Phantasie letzend, bald Wilhelm, bald Malchen auf meinem Schoße wiegend. – O! erlauben Sie mir immer, sie noch einmal zu sehen! nur eine mütterliche Umarmung! und wir trennen uns dann auf ewig.
UNBEKANNTER. Gern, Eulalia – noch diesen Abend – ich erwarte die Kinder jeden Augenblick – sie wurden im nächsten Städtchen erzogen – ich habe meinen Bedienten dahin gesandt – er könnte schon zurück sein – ich gebe Ihnen mein Wort, sobald sie kommen, sende ich sie aufs Schloß. Da mögen sie, wenn es Ihnen gefällt, bis zum Anbruch des morgenden Tages bei Ihnen bleiben – dann nehme ich sie wieder mit mir. – *Pause.*

Die Gräfin und ihr Bruder, welche, wenig Schritte von da, der ganzen Unterredung mit innigster Teilnahme zuhörten, geben sich verstohlne Winke. Der Major geht in die Hütte, und kommt bald darauf mit Franz und den beiden Kindern zurück. Er übergibt den Knaben seiner Schwester, welche sich hinter Eulalien stellt; er selbst tritt mit dem kleinen Mädchen hinter Meinau.

EULALIA. So hätten wir uns denn in diesem Leben nichts weiter zu sagen. *All' ihre Entschlossenheit zusammenraffend.* Leben Sie wohl, edler Mann! *Sie ergreift seine Hand.* Vergessen Sie eine Unglückliche, die Sie nie vergessen wird! *Sie kniet nieder.* Lassen Sie mich noch einmal diese Hand an meine Lippen drücken; diese Hand, die einst mein war!
UNBEKANNTER *sie aufhebend.* Keine Erniedrigung, Eulalia! *Er schüttelt ihr die Hand.* Leben Sie wohl!
EULALIA. Auf ewig.

UNBEKANNTER. Auf ewig!
EULALIA. Wir scheiden ohne Groll –
UNBEKANNTER. Ohne Groll.
EULALIA. Und wenn ich einst genug gebüßt habe; wenn wir in einer bessern Welt uns wiedersehen –
UNBEKANNTER. Dort herrschen keine Vorurteile; dann bist du wieder mein! *Beider Hände liegen ineinander, beider Blicke begegnen sich wehmütig. Sie stammeln noch ein Lebewohl! und trennen sich, aber indem sie gehen wollen, stößt Eulalia auf den kleinen Wilhelm, und Meinau auf Mal chen.*
MALCHEN. Vater –
WILHELM. Mutter –

Vater und Mutter drücken sprachlos die Kinder in ihre Arme.

MALCHEN. Lieber Vater –
WILHELM. Liebe Mutter –

Vater und Mutter reißen sich los von den Kindern, sehen einander an, breiten die Arme aus, und stürzen sich einer in des andern Arme.

UNBEKANNTER. Ich verzeihe dir!
Die Gräfin und der Major heben die Kinder in die Höhe, welche sich an ihre Eltern anklammern, und lieber Vater! liebe Mutter! *rufen.*

Ende